Werner Michl

Erlebnispädagogik

2. Auflage

Ernst Reinhardt Verlag München Basel

Prof. Dr. *Werner Michl* lehrt an der Fakultät Sozialwissenschaften der Georg-Simon-Ohm Hochschule in Nürnberg.

Bibliografische Information der Deutschen Nationalbibliothek

Die Deutsche Nationalbibliothek verzeichnet diese Publikation in der Deutschen Nationalbibliografie; detaillierte bibliografische Daten sind im Internet über <http://dnb.d-nb.de> abrufbar.

UTB-ISBN 978-3-8252-3606-9 (Print)
UTB-ISBN 978-3-8385-3606-4 (E-Book)
2. Auflage

Zeichnungen im Innenteil: Sibylle Roth, Amberg
Reihenkonzept und Umschlagentwurf: Alexandra Brand
Umschlagumsetzung: Atelier Reichert, Stuttgart
Satz: Arnold & Domnick, Leipzig
Printed in Germany

Ernst Reinhardt Verlag, Kemnatenstr. 46, D-80639 München
Net: www.reinhardt-verlag.de E-Mail: info@reinhardt-verlag.de

Inhalt

Einleitung

Hauptteil

Anhang

Danke für hilfreiche Tipps und Beratung:
Bernd Heckmair, Dr. Mario Kölblinger, Prof. Dr. Torsten Fischer

Einleitung

Die Erlebnispädagogik ist für viele Pädagoginnen und Psychologen ein Königsweg des Lernens, für Politik und Presse manchmal eine teure und überschätzte Methode. Ausgewogene Einschätzungen sind selten. Blickt man zurück auf die Wurzeln der Erziehung und des Lernens, dann findet man jedoch zuhauf Hinweise auf die Wirksamkeit des handlungs- und erlebnisorientierten Lernens. Zudem werden die Lernprinzipien der Erlebnispädagogik derzeit durch die Ergebnisse der Lernforschung, des Konstruktivismus und der Neurobiologie (vgl. dazu Kapitel 4) bestätigt. Dieses Buch bietet einen Einstieg in die Erlebnispädagogik, geht – freilich stark verkürzt – auf die Geschichte des handlungsorientierten Lernens von Platon bis Kurt Hahn ein, will Thesen, Trends und Daten zur Erlebnispädagogik vorstellen und somit einen ersten Einblick in diese wirksame Methode des Helfens, Heilens und Lernens geben. Natürlich wurde schon Vieles zum Thema Erlebnispädagogik veröffentlicht. Sozusagen als Entschuldigung für diese mangelnde Innovation sei eine Anmerkung von Kurt Hahn, dem Begründer der Erlebnispädagogik, zitiert:

> „Es ist in der Erziehung wie in der Medizin. Man muß die Weisheit der tausend Jahre ernten. Wenn Sie je zu einem Chirurgen kommen, und der will Ihnen den Blinddarm in einer möglichst originellen Weise herausnehmen, so rate ich Ihnen dringend, gehen Sie zu einem anderen Chirurgen" (Hahn 1998, 292).

Über den Tellerrand blicken, Grenzen überschreiten, Herausforderungen annehmen, Hindernisse überwinden, Risiken abwägen und annehmen, Entscheidungen fällen und dazu stehen, einen eingeschlagenen Weg durchhalten, kreative Lösungen finden – das alles sind Kompetenzen, die heute gefordert werden und mit deren Vermittlung sich Schulen und Hochschulen schwer tun. Vermutlich deshalb, weil es hier nicht um Wissen geht, sondern um Haltungen, Einstellungen, um persönliches Wachstum, um – nehmen wir einfach ein altbackenes Wort – Charaktererziehung. Immer mehr setzt sich nicht nur in der Praxis, sondern auch in der Theorie die Einsicht durch, dass handlungs- und erlebnisorientiertes Lernen viel zu den oben genannten Kompetenzen beitragen kann.

Wer heute Soziale Arbeit, Heilpädagogik oder Erziehungswissenschaft studiert, wird mit großer Wahrscheinlichkeit während seines Studiums auf den Begriff Erlebnispädagogik stoßen. Diese pädagogische Methode, die mit Abenteuer und tiefen, prägenden Eindrücken verbunden wird, war lange Zeit umstritten. Sie hat sich jedoch in der Jugendarbeit, der Heimerziehung, der beruflichen Bildung, der Arbeit mit Menschen mit einer Behinderung, eigentlich in nahezu allen (sozial-) pädagogischen Praxisfeldern, durchgesetzt und über viele Umwege nun auch die Hochschulen erreicht. Der Weg ging also von der Praxis zur Theorie. War es 1990 nur eine Handvoll Bücher, so füllt die Fachliteratur zur Erlebnispädagogik heute mehrere Regale. Dieses kleine Buch will erste Einblicke geben für Studierende und interessierte Praktiker, die schnell zur Sache kommen wollen, es will einen Überblick vermitteln, einige Seitenblicke ermöglichen und schließlich einen Blick in die Zukunft werfen.

Erlebnis, Reflexion, Erziehung. Aus einem Schattendasein hat sich die Erlebnispädagogik spätestens seit der ersten Auflage von „Erleben und Lernen. Einführung in die Erlebnispädagogik" (Heckmair / Michl 1993) zu einer mächtigen Methode entwickelt, die nach dem Zweiten Weltkrieg in der Praxis der Jugendarbeit und Heimerziehung erste Schritte getan und dann einen Siegeszug in allen Feldern der praktischen Pädagogik angetreten hat. Sie ist heute aus dem Spektrum der pädagogischen Möglichkeiten nicht mehr wegzudenken und etabliert sich zunehmend als Disziplin an den Hochschulen und Universitäten, an denen Diplom- und Bachelorarbeiten, Dissertationen und Forschungsprojekte zu diesem Themenkomplex stetig zunehmen.

Ein wesentlicher Punkt bei der Erlebnispädagogik ist, dass sie unter einer mehrfachen Sprachlosigkeit „leidet": Erlebnisse sind erstens oft so prägend, so beeindruckend, dass die Sprache versagt. Und oft erscheint, zweitens, die Reflexion eines Erlebnisses als etwas Künstliches, Aufgedrängtes, etwas, durch das Erlebtes zerredet und zerstört wird. So drängt sich die Frage auf: War das Erlebnis nur dazu da, um vorgefertigten pädagogischen Zielen zu dienen? Drittens sind viele Praktiker der Erlebnispädagogik manchmal mund- und öfter schreibfaul. Wer oft mit den Gewalten der Natur konfrontiert wird, beschränkt sich eher auf das Wesentliche. Und schließlich: Je mehr man sich um eine Definition bemüht, umso mehr fließen die Gewissheiten wie Sand durch das Sieb der Erkenntnis.

Dazu kommt, dass Erleben eine sehr subjektive Kategorie ist. Franz Kafka schreibt in seinem Brief an den Vater (1995, 48): „… was mich packt, muss dich noch kaum berühren und umgekehrt, was bei dir Unschuld ist, kann bei mir Schuld sein, und umgekehrt, was bei dir folgenlos bleibt, kann mein Sargdeckel sein". An anderer Stelle schreibt Kafka Folgendes: „Einmal brach ich mir das Bein. Das war mein schönstes Erlebnis". Beide Aussagen zeigen, dass Erleben etwas ganz Persönliches ist, und es lässt sich nur genauer beschreiben, wenn man darüber spricht. Sprachlosigkeit und die Notwendigkeit der Kommunikation stehen hier in einem gewissen Spannungsverhältnis.

Erleben und Erziehen stellt eine noch schwierigere Verknüpfung dar. Wie könnte man sich diesem Verhältnis annähern? Dazu dient zunächst eine Spirale aus den drei Tätigkeiten Erleben, Erinnern, Erzählen. Nur Erleben ist blinder Aktionismus, nur Erinnern ist ein Gefängnis, in dem viele alte Menschen sich befinden, nur Erzählen wird zum leeren Geschwätz. Erst wenn ein Erlebnis erinnert und erzählt, und damit neu durchlebt und verarbeitet wurde, kann sich diese Spirale zu einer neuen Schleife aufschwingen. Diese Spirale ist sozusagen der Weg vom Ist zum Soll und beschreibt damit Möglichkeiten der Persönlichkeitsbildung und Kräfteentwicklung.

Das Bild von der „Waage der Erlebnispädagogik" kann das Verhältnis zwischen Ereignis, Erlebnis und Transfer verdeutlichen (Abb. 1). In der linken Waagschale befinden sich die Ereignisse, die Erlebnispädagoginnen und -pädagogen anbieten. Vom Individuum werden die Ereignisse zu einem Erlebnis verarbeitet. Jedes äußere Ereignis wird von den Individuen unterschiedlich interpretiert und eingeordnet, je nach Biografie, Stimmung, Einstellung und Lebensalter. Erst das Individuum macht das Ereignis zu einem Erlebnis. Dann wieder sind wir Pädagogen am Zuge, um aus diesem Erlebnis einen Lerneffekt zu machen. Das symbolisiert die rechte Waagschale. Was erlebt wurde, was sich auf der seelischen Leinwand eingedrückt hat, muss wieder zum Ausdruck gebracht werden. Daher sind die Reflexionsmethoden in der Erlebnispädagogik so wichtig. Und da es oft beeindruckende Erlebnisse gibt, brauchen wir auch kreative Methoden, um das Erlebte zum Ausdruck bringen zu können – da in diesem Zusammenhang, wie erwähnt, die Sprache oft versagt. Nach der Reflexion muss die Prüfung des Transfers erfolgen: Was habe ich gelernt, was kann ich in meinem Lebensalltag gebrauchen, was nehme ich mit in mein alltägliches Leben? Auch hier gilt: Werden nur Ereignisse angeboten, dann senkt sich die linke Waagschale, und wir befinden uns im breiten Feld der Freizeitpädagogik. Befassen wir uns hauptsächlich mit der Auswertung von Erlebnissen, senkt sich die Waagschale auf der rechten Seite, so haben wir es eher mit dem

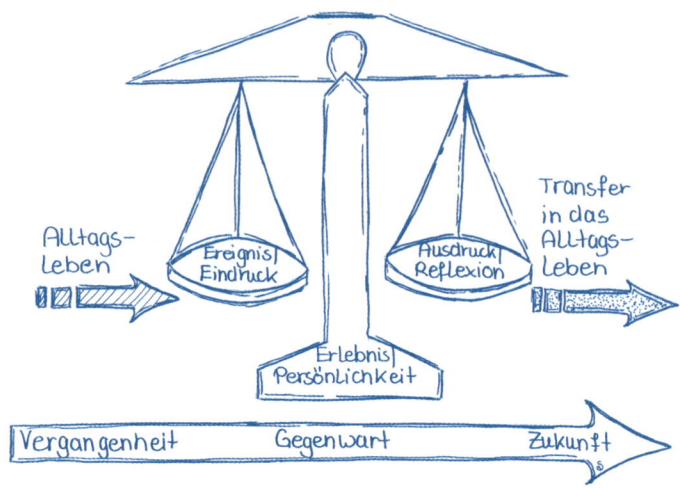

Abb. 1: Waage der Erlebnispädagogik

<mark>Bereich der Selbsterfahrung zu tun. Bei der Erlebnispädagogik sind idealerweise beide Waagschalen gleich schwer und befinden sich in einem Gleichgewicht</mark>.

Aus Ereignissen werden Erlebnisse, Erlebnisse bündeln sich zu Erfahrungen, aus Erfahrungen werden Erkenntnisse gezogen (Abb. 2). Der Satz des Schriftstellers Peter Handke gilt nicht nur für die Literatur, sondern auch für die Pädagogik, insbesondere für die Erlebnispädagogik: „Gute Literatur kommt aus dem Erleben der Dinge und der Gerechtigkeit diesem Erlebnis gegenüber" – gute Pädagogik ebenfalls.

Merksatz

<mark>**Wir sprechen erst dann von Erlebnispädagogik, wenn nachhaltig versucht wird, die Erlebnisse durch Reflexion und Transfer pädagogisch nutzbar zu machen. Klettern, Schlauchbootfahren oder Segeln sind Natursportarten, die viel Freude und Sinn vermitteln. Sie bleiben aber lediglich eine Freizeitbeschäftigung, wenn sie um ihrer selbst willen durchgeführt werden.**</mark>

Der Begriff „Erlebnispädagogik". Es wäre ein Leichtes gewesen, zu Beginn der Theoriediskussion um 1990, Erlebnispädagogik zu definieren. Man hätte damals ohne Weiteres sagen können, dass Erlebnispädagogik durch Natursport etwas zur Persönlichkeitsbildung beitragen will. Heu-

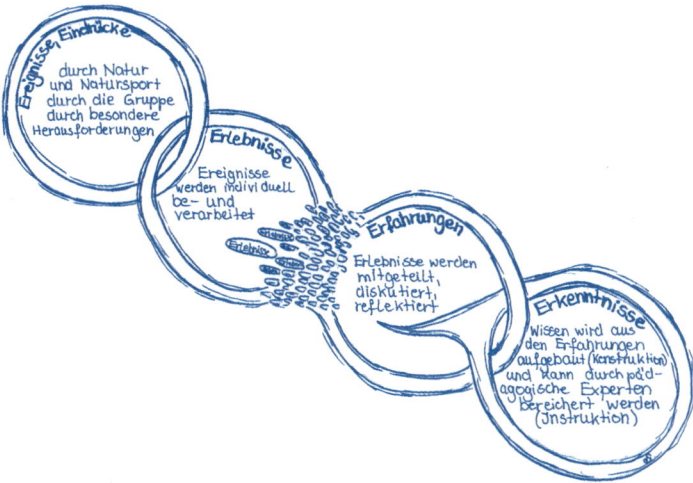

Abb. 2: Die E-Kette

te, nachdem sich die erlebnispädagogische Bewegung in allen pädagogischen Praxisfeldern und mit einer zunehmenden Vielfalt von Methoden ausgebreitet hat, kann diese Definition die Bandbreite nicht mehr abdecken. Bernd Heckmair und ich haben in der sechsten Auflage des Buches „Erleben und Lernen. Einführung in die Erlebnispädagogik" folgende Definition von Erlebnispädagogik formuliert (2008, 115):

Definition

„Erlebnispädagogik ist eine handlungsorientierte Methode und will durch exemplarische Lernprozesse, in denen junge Menschen vor physische, psychische und soziale Herausforderungen gestellt werden, diese jungen Menschen in ihrer Persönlichkeitsentwicklung fördern und sie dazu befähigen, ihre Lebenswelt verantwortlich zu gestalten".

Manche Autoren haben auf eine Definition verzichtet und versucht, Erlebnispädagogik durch folgende Eigenschaften zu beschreiben (vgl. dazu Schad / Michl 2004, 23):

- Sie findet in der Regel unter freiem Himmel statt.
- Sie verwendet häufig die Natur als Lernfeld.
- Sie hat eine hohe physische Handlungskomponente.

- Sie setzt auf direkte Handlungskonsequenzen der verwendeten Aktivitäten.
- Sie arbeitet mit Herausforderungen und subjektiven Grenzerfahrungen.
- Sie benutzt als Medien eine Mixtur von klassischen Natursportarten, speziellen künstlichen Anlagen sowie eine Palette von Vertrauensübungen und Problemlösungsaufgaben.
- Die Gruppe ist ein wichtiger Katalysator der Veränderung.
- Das Erlebte wird reflektiert: Was wurde gelernt und wie wirkt es sich auf den persönlichen und beruflichen Alltag aus? Auf die Reflexion folgt der Transfer in den persönlichen und / oder schulischen und / oder beruflichen Alltag.

Erst wenn alle oder die meisten dieser Kriterien erfüllt sind, kann man von Erlebnispädagogik sprechen.

Inzwischen hat sich dieses Verständnis von Erlebnispädagogik auch durchgesetzt. Wenngleich es nicht zufrieden stellt, weil es nicht das Ziel, sondern nur den Weg in den Mittelpunkt stellt, so ist es doch das Bestmögliche. Relativ unverfänglich, aber letztlich zu allgemein sind die Bezeichnungen „Erfahrungslernen" oder „handlungsorientierte Methoden". Das Gleiche meinen die amerikanischen Experten, wenn sie von „Experiential Education" reden. Dieses erlebnis- und handlungsorientierte Lernen dringt auch in Schule und Hochschule vor, in der Erwachsenenbildung ist es nicht mehr wegzudenken. Action Learning, Open Space, Problemorientiertes Lernen, Projektlernen, Zukunftswerkstatt, Rollenspiel und Improvisationstheater sind einige Zauberwörter dieses Ansatzes.

Ein Abenteuer ist nicht planbar, sondern es ist ein Ereignis mit offenem Ausgang und wenig planbaren Hindernissen. Soweit als irgendwie möglich muss in der Erlebnispädagogik aber alles planbar bleiben, daher führt der Begriff „Abenteuerpädagogik" auf eine falsche Fährte. Wir wissen aus der Praxis, dass zu oft Unplanbares eintritt, aber das darf man dann als Restrisiko der Erlebnispädagogik bezeichnen. „Nature never gets boring", schrieb der Ethnologe Melvin Konner, als er die San („Buschleute") Südafrikas erforschte. Natur und Wildnis werden nie beherrschbar sein, daher verzichten wir auf Abenteuer mit ungewissem Ausgang. Wer sich zum ersten Mal von einem hohen Felsen abseilt, verspürt sicherlich Herzklopfen, Unsicherheit, mitunter lebensbedrohliche Ängste. Unter der fachlichen Leitung eines erfahrenen (und zertifizierten) Erlebnispädagogen kann diese Aktion aber sicherer als eine Fahrradtour durch eine Großstadt sein.

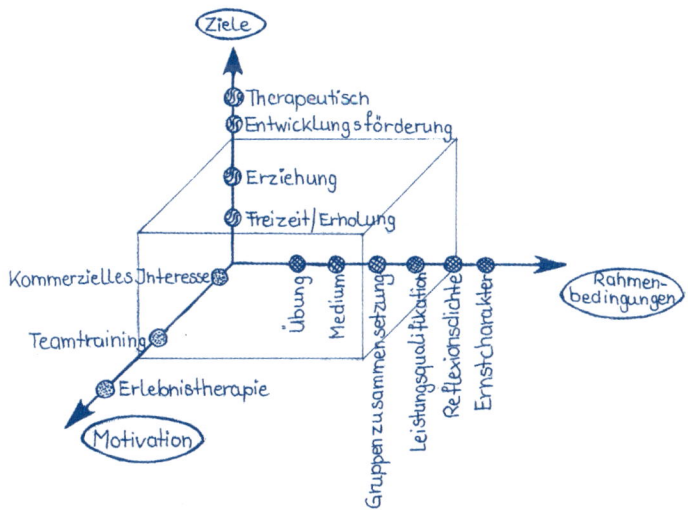

Abb. 3: Vektorenmodell der Erlebnispädagogik (in Anlehnung an Ebner, *www.erlebnispaedagogik.at*)

„Aktionspädagogik", ein Begriff, der gelegentlich in der Fachliteratur auftauchte, fokussiert auf „Action", auf Thrill, Risiko, Sport, Überwindung, Survival. Davon ist die Erlebnispädagogik meilenweit entfernt. Blickt man die letzten zwei Jahrzehnte zurück, so kann man zusammenfassen, dass die Entdeckung der Langsamkeit, der Einsamkeit, des Schweigens und Fastens, der Dunkelheit und Nacht, der schöpferischen Pause, des gemeinsamen Schweigens in der Höhle oder am Berggipfel ein wesentlicher Aspekt dieser handlungsorientierten Methode war. Die Aktion ist nur das sichtbare, spektakuläre Moment. Sie gehört zwar zur pädagogischen Dramaturgie, ist aber nicht höher zu bewerten als diese stillen, ruhigen, beschaulichen, nachdenklichen Phasen.

Also nehmen wir Erlebnispädagogik als gültigen und gängigen Begriff, denn es sollte immer darum gehen, dass wir Kinder und Jugendliche durch Erlebnisse innerlich bewegen. Und diese Erlebnisse, die emotionalen Ungleichgewichte, welche durch herausfordernde Situationen ausgelöst werden, sind dann Ausgangspunkte eines nachhaltigen Lernens. Die deutsche Sprache ist in diesem Punkt der englischen überlegen, denn es gibt keine überzeugende Übersetzung des Begriffes Erlebnis. Experience ist die Erfahrung, Adventure das Abenteuer. Wir sprechen von Erlebnispädagogik, die englischen und amerikanischen Wissen-

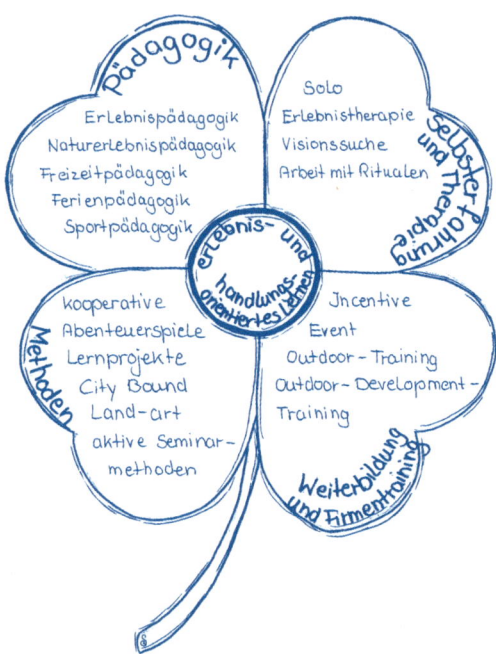

Abb. 4: Erlebnis- und handlungsorientiertes Lernen – eine Übersicht

schaftler von „Adventure Education" oder „Adventure Programming".
Werner Ebner, einer der Begründer der Erlebnispädagogik in Österreich,
hat in einem „Vektorenmodell" (*www.erlebnispaedagogik.at*) die Dimensionen der Erlebnispädagogik veranschaulicht (Abb. 3, S. 13).

Die Modifikationen des erlebnis- und handlungsorientierten Lernens kann man bildlich als vierblättriges Kleeblatt darstellen (Abb. 4).
Es setzt sich zusammen aus pädagogischen Disziplinen (erstes Blatt),
von der klassischen Erlebnispädagogik über Ferien- und Freizeitpädagogik und Naturpädagogik, die Elemente des Survival enthält
(Bach / Bach 2008), bis hin zur Sportpädagogik. Das zweite Blatt ist mit
Selbsterfahrung und Therapie überschrieben. Dazu zählen das Solo
(vgl. dazu Thoreau 1971), die Erlebnistherapie (Gilsdorf 2004), die Arbeit mit Ritualen und spirituelle Ansätze (Schödlbauer 2004; Muff / Engelhardt 2007) sowie die Visionssuche – die therapeutische Variante des
Solo (Koch-Weser / v. Lüpke 2005): Aus der ein- bis dreitägigen Einsamkeit in der Natur, dem Solo, entwickelte sich seit dem Jahr 2000 die Visi-

onssuche, die der Selbsterfahrung und therapeutischen Zwecken dienen soll. Auf dem dritten Blatt werden Weiterbildung und Firmentrainings gewürdigt, vom Outdoor-Training und Outdoor-Development-Training, das sich durch intensive und langfristige Trainingsarbeit auszeichnet, bis zum Event oder Incentive. Im weiten Feld der Weiterbildung sind handlungsorientierte Methoden inzwischen ein fester Bestandteil. Auf dem vierten Blatt wird ein Ausschnitt der Vielfalt gängiger erlebnis- und handlungsorientierter Methoden genannt: Kooperative Abenteuerspiele (Gilsdorf / Kistner 2001 und 2003) und Lernprojekte (Heckmair 2008), City Bound (Deubzer / Feige 2004; Crowther 2005) und Land Art (Güthler / Lacher 2005).

Standards der Erlebnispädagogik. An mindestens zwei Kriterien muss sich die Erlebnispädagogik messen lassen: Sicherheit und Ökologie. Nach vielen Irrungen und leichtsinnigen Aktionen ist heute bei den allermeisten Trägern der Erlebnispädagogik ein hoher Sicherheitsstandard vorhanden. Er basiert auf zehn bis zwanzig Jahren Erfahrung – aus Unfällen, Beinaheunfällen und Zwischenfällen hat man gelernt (vgl. dazu Dewald et al. 2003) – und einer Strategie der kontinuierlichen Verbesserung. Kein Träger der Erlebnispädagogik kann sich einen Unfall leisten. Zwischen subjektiv gefühltem Risiko und objektiver Gefahr besteht ein großer Unterschied. Teilnehmer, die sich erstmals aktiv von einem Felsen abseilen – natürlich durch den Trainer gesichert –, fühlen sich dabei wesentlich sicherer, als wenn sie vom Trainer passiv abgelassen werden. Dabei enthält das aktive Abseilen eindeutig mehr Fehler- und Unfallquellen als das passive Ablassen. „Erlebnistage" – mit mehr als 25000 Schülern und Schülerinnen pro Jahr der größte erlebnispädagogische Anbieter im deutschsprachigen Raum – berichtet z. B. von einem Knöchelbruch, zugezogen beim Versuch, nächtens von einem Etagenbett ins andere zu springen; einer Prellung am Arm, weil jemand bei der Verfolgungsjagd im Treppenhaus ausgerutscht ist; von einer Schürfwunde, erworben beim abendlichen Fußballspiel. Es handelt sich hier ausnahmslos um Unfälle, die außerhalb der offiziellen erlebnispädagogischen Angebote stattfanden. Bei erlebnispädagogischen Aktionen wird penibel auf Sicherheit geachtet, Standards werden ständig überdacht und verbessert. Lediglich die kooperativen Abenteuerspiele, die zum Methodenspektrum des erlebnisorientierten Lernens gehören, werden von jungen Trainern als Unfallursache oft unterschätzt. Gerade bei glitschigem Rasen und leichtsinnigen Gruppen passieren hier weit mehr Unfälle als in natursportlichen Situationen. Für ausnahmslos alle erlebnispädagogischen Aktionen, sei es im Seil- oder Klettergarten, bei der Höhlen- oder Kanutour, beim Bau einer Seilbrücke, gilt jedoch, dass gegen Ende der Spannungsbogen fällt und dann Unfälle wahrscheinlicher werden. Nicht selten taucht aber als einziger Schadensfall ein beschädigter Wagen auf – weil das Kanu schlecht am Autodach verknotet war.

Zahlreiche Publikationen, viele kreative Ideen und Experimente haben mittlerweile für höchsten Standard gesorgt. Walter Siebert und Stefan Gatt (1998) haben mit „Zero Accident" ein erstes Sicherheitskonzept veröffentlicht, und Stefan Gatt und andere haben 2006 Standards bei Outdoor-Trainings definiert. Die „Missgeschicke. Eine Sammlung erlebnispädagogischer Praxisfälle" von Wilfried Dewald, Lydia Kraus und Martin Schwiersch (2003) sind aus der Praxis für die Praxis zusammengestellt und sowohl lehrreich als auch unterhaltsam. Ein Grundlagenwerk zum Thema Sicherheit wurde von Hubert Perschke und Peter Flosdorf (2003) verfasst.

In nahezu allen Praxisbüchern der Erlebnispädagogik werden ökologische Grundsatzfragen gestellt und mehr oder weniger zufriedenstellend geklärt. „Natur, Erlebnis, Ferien: Handbuch für die Gestaltung ökopädagogischer Kinder- und Jugendfreizeiten" von Anke Schlehufer und Steffi Kreuzinger (1997), das im Schnittpunkt von Erlebnis- und Ferienpädagogik zu verorten ist, bietet ein breites Spektrum ökologischer Einsichten, Tipps und Aktionen. Eine systematische Analyse, auch der konfliktreichen Überschneidungen zwischen Erlebnispädagogik und Naturschutz, stellt die Dissertation von Albin Muff (1997) dar.

Hauptteil

1

Geschichte: Woher kommt die Erlebnispädagogik?

In diesem Kapitel gehen wir zunächst einigen Begriffen auf den Grund, die im Zusammenhang mit der Erlebnispädagogik eine Rolle spielen. Dann folgen einige Gedanken zu Vordenkern und Wegbereitern der Erlebnispädagogik.

Torsten Fischer und Jörg Ziegenspeck haben in ihrem „Handbuch Erlebnispädagogik" (2000) in überzeugender Weise versucht, eine Ideengeschichte der Erlebnispädagogik zu verfassen. Wer sich also auf die Tiefenschichten der Historie konzentrieren will, kann zu diesem Werk greifen (vgl. dazu Michl / Schödlbauer 1999).

Wichtige Begriffe

Pädagogik: Der Begriff Pädagogik stammt aus dem Griechischen und setzt sich zusammen aus pais (= der Knabe, das Kind) und agogos (= der Begleiter, der Führer). Im alten Athen waren es Sklaven, die die Knaben auf dem Weg zur Schule begleiteten. Interessanterweise hat sich im Abendland dieses Begleiten bzw. dieser Weg im Begriff des Erziehens durchgesetzt, nicht das Wort für Schule. Das sagt einiges über den Charakter der Pädagogik aus: Darin stecken das gemeinsame Gehen, das Unterwegssein, die Begleitung, das Schweigen und das Sprechen, die Führung und der Schutz – also vieles, was wir mit Erlebnispädagogik verbinden.

Peripatos: Das griechische Wort steht für Wandelhalle. Es gab der philosophischen Schule des Aristoteles ihren Namen, weil der Unterricht in einer Wandelhalle stattfand. Gehen und Philosophieren gehören zusammen, Raffael stellte dies in überzeugender Weise in seinem Gemälde „Die Schule von Athen" heraus.

Kairos: Das ist in der griechischen Mythologie der Gott der Chance, der günstigen Gelegenheit. Man kann darunter auch einen „von den Göttern geschenkten Augenblick" verstehen. Wir erleben in der Pädagogik viele solche Augenblicke. Wie wir wissen, bemüht man sich oft ganz vergeblich bei Kindern und Jugendlichen um Veränderungen und sieht lange Zeit keinen Erfolg. Doch eines Tages tritt ein Wendepunkt ein, eine Verhaltensänderung – ein Geschenk der Götter.

> **Beispiel** – Zwei Heimerzieher sind mit ihrer Gruppe in Schweden mit Rucksack und Schlafsack unterwegs. Sie wollen sechs Wochen durch die Wildnis Schwedens streifen. Die Jugendlichen haben nicht allzu viel Lust dazu; zwei ziehen sich ganz zurück und lehnen jeden Kontakt mit den Erziehern ab. Sie sind schweigsam, trotzig und wollen keinesfalls mit diesen verrückten Pädagogen reden. Nach fünf Tagen rufen die beiden Jugendlichen am Morgen vor dem Zelt der Erzieher: „Ihr könnt aufstehen, wir haben für euch Kaffee gekocht" – Das ist Kairos, einer dieser Augenblicke, den man als Pädagoge verspielen oder nutzen kann. Sagen die Pädagogen nun „Nein, wir sind noch müde", dann versäumen sie eine günstige Gelegenheit zum Aufbau einer Beziehung, nehmen sie das Angebot aber an, können die Mauern fallen, die die Jugendlichen aufgebaut haben.

Zur günstigen Gelegenheit gehört also auch, dass Pädagoginnen und Pädagogen sie bemerken und nutzen. Man kann berechtigterweise behaupten, dass beim handlungsorientierten Lernen in der Natur mehr solche Augenblicke auftreten als in anderen Situationen.

Carpe diem: Spätestens seit dem Film „Der Club der toten Dichter" ist dieser Begriff wieder bekannt geworden. Meist wird er übersetzt mit „Nutze den Tag". Das ist nicht ganz treffend; die bessere Übersetzung lautet „Pflücke den Tag", denn Carpo ist die Göttin der Früchte und der Ernte. Somit verweist Carpe diem darauf, dass jeder Tag Früchte mit sich bringt, die es zu ernten lohnt. Wer mit jungen Menschen in der Natur unterwegs ist, weiß, dass ein Tag viele Früchte bietet, die man gemeinsam pflücken kann.

Aufbruch: Ob zu einer Radtour oder einer längeren Reise, Aufbruch heißt zunächst packen. Mit diesem äußeren Aufbruch kann jedoch ein innerer Aufbruch einhergehen. Es kann sein, dass mit der Unternehmung etwas aufbricht, was lange Zeit in uns verdrängt war, was wir vergessen haben, was wir von uns weggeschoben haben.

Beispiel – Sommeruniversität 2007, Erlebnistage Harz: Mit 15 Studenten stehe ich vor einem alten dunklen Stolleneingang. Die Spannung steigt vor der Expedition ins Dunkle. Wir ziehen uns alte, warme und wasserdichte Kleidung an. Neben mir beginnt eine Studentin zu weinen. Ich tröste sie und weise sie darauf hin, dass sie hier im warmen Sommerwald auf uns warten könne. Sie verneint, will unbedingt mit. Auch im dunklen Stollen, ich gehe neben bzw. nahe bei ihr, weint sie. Zwei Stunden sind wir in diesem Stollen, aber sie beruhigt sich nicht. Erst nachdem wir wieder im Tageslicht sind, kann sie etwas durchatmen und sich fassen. Auf dem Heimweg kommen wir ins Gespräch. Sehr bald wird klar, dass sie in einer tiefen Lebenskrise steckt. Die Partnerschaft ging in die Brüche, im Studium läuft vieles schief, die Finanzen sind knapp, die Wohnung gekündigt. Der dunkle Stollen hat einiges ausgelöst, was mühsam verdrängt worden war. Jetzt konnte es bearbeitet werden.

Outward Bound: Dieser Begriff entstammt der englischen Seemannsprache und bezeichnet das zum Ablegen bereite Schiff. Kurt Hahn (siehe Kapitel 2), hat diesen Begriff, der genau seinen Ansatz bezeichnet, in die Pädagogik eingeführt: Das Kind steht sozusagen noch am Hafen und wird jetzt in die Pubertät aufbrechen. Dort wird es Wind und Wellen, Stürme und Unwetter geben, und der Pädagoge wird das Kind von der Pubertät bis zum Erwachsenendasein begleiten.

Merksatz

Spürt man den Bedeutungen einiger Begriffe und Ausdrücke wie Pädagogik, Peripatos, Kairos, Carpe Diem, Aufbruch und Outward Bound nach, dann fällt die enge Beziehung zum erlebnis- und handlungsorientierten Lernen auf. Insofern stellt die Erlebnispädagogik auch eine Wiederentdeckung dieser pädagogischen und philosophischen Ursprünge dar. Heute finden wir in Schule und Hochschule überwiegend eine Art „Sitzpädagogik" vor, die diese Wurzeln vergessen hat.

Zwei Vordenker: Rousseau und Thoreau

1993 haben Bernd Heckmair und ich in der ersten Auflage des Buches „Erleben und Lernen. Einführung in die Erlebnispädagogik" Jean Jacques Rousseau (1712–1778) und Henry David Thoreau (1817–1862) als Vordenker der Erlebnispädagogik bezeichnet, was mittlerweile in den Lehrkanon überging und selbst in „Wikipedia" zitiert wird. Rousseau und Thoreau sind heute noch aktuell und haben auf ihren Kontinenten Spuren hinterlassen. Rousseau hat eine Staatsphilosophie formuliert, und der dazu passende Mensch sollte durch die Erziehung geformt werden. Rousseau philosophiert über Natur und das Leben in Einsamkeit und Einfachheit, Thoreau setzt dies in die Tat um.

Rousseau oder das Recht auf Kindheit. Rousseau, dieser „egozentrischste Denker in der Philosophie" (Weischedel 1974, 192), nimmt einiges vorweg, was später in der Romantik zum Tragen kommt. Durch seine Ideen erfährt die Aufklärung einen ersten Bruch. In den „Bekenntnissen" (1770) hat er wie in einer Psychoanalyse sein Innerstes schonungslos dargelegt. Es geht ihm um Hinwendung zum Individuum, um das Horchen auf die inneren Empfindungen. Der berühmte Satz von René Descartes (1596–1650) „Ich denke, also bin ich", könnte im Rousseauschen Sinne umformuliert lauten: „Ich erlebe, also bin ich".

1762 erscheinen Rousseaus Hauptwerke „Du contrat social ou principes du droit politique" (Der Gesellschaftsvertrag oder die Grundsätze des Staatsrechts) und „Émile, ou de l'éducation" (Emile oder über die Erziehung 1975). Bei der Rousseauschen Staats- und Gesellschaftsphilosophie sind Pädagogik und Politik eng verzahnt, daher braucht sie den neuen Menschen, wie ihn Rousseau im „Émile" beschreibt.

„Alles ist gut, wie es aus den Händen des Schöpfers kommt, alles entartet unter den Händen des Menschen" (Rousseau 1975, 9), so lautet der berühmte erste Satz des „Émile". Ziel ist die Erziehung ohne Erzieher, eine Minimalerziehung, bei der nicht der Pädagoge, sondern die eigenen Erfahrungen und die natürliche Strafe, d.h. die negativen Folgen von unpassenden Handlungen, den Menschen bilden. Einfluss auf unsere Erziehung haben „die Natur oder die Dinge oder die Menschen" (10), wobei der Natur die größte Bedeutung zukommt und die Erziehung durch den Erzieher nur dazu dienen soll, die Erziehung durch die Natur und durch die Dinge zu ermöglichen. Der Erzieher ist lediglich der Anwalt der natürlichen Bedürfnisse des Kindes.

„Leben ist nicht atmen, leben ist handeln" (15). Als Kind erforscht Émile seine Umwelt und die Natur. Er soll nichts theoretisch erfahren, sondern die Wissenschaften dann erfinden, wenn er sie braucht. „Anstatt das Kind an Bücher zu fesseln, beschäftige ich es in einer Werkstatt, wo seine Hände zum Nutzen des Geistes arbeiten; es wird Philosoph und glaubt, nur ein Arbeiter zu sein" (104). Reden, Belehrungen, Bücher lehnt Rousseau ab. *Ein* Buch allerdings soll Émile doch lesen, denn „wenn man eine Situation erfinden könnte, wo alle natürlichen Bedürfnisse der Menschen sich in einer für den kindlichen Geist begreiflichen Weise darstellen und wo die Mittel, sie zu befriedigen, leicht erkennbar wären, so müsste man seine Einbildungskraft lebhaft damit beschäftigen".

Das Buch, das diese Situation vorhält und das Rousseaus Erziehungskonzept erfüllt, ist „Robinson Crusoe" (1719) von Daniel Defoe (1660–1731).
Handlung, Erfahrung und Erlebnis empfiehlt Rousseau auch den Lehrern:

> „Und denkt daran, dass ihr in allen Fächern mehr durch Handlungen als durch Worte belehren müsst. Denn Kinder vergessen leicht, was sie gesagt haben und was man ihnen gesagt hat, aber nicht, was sie getan haben und was man ihnen tat" (Rousseau 1975, 80).

In der Aufklärung sollte zur Vernunft erzogen werden. Im Unterricht wird Wissen erworben, das Denken und die Ratio stehen im Mittelpunkt. Rousseau fügt neue Aspekte hinzu: Gefühle, Sinne und Sinnlichkeit, Erlebnisse und die eigene Erfahrung. So klingt seine Definition von Erziehung sehr romantisch. Erzogen ist jener Mensch, „der die Freuden und Leiden dieses Lebens am besten zu ertragen vermag" (15). Rousseau geht es um Erlebnisse:

> „Nicht wer am ältesten wird, hat am längsten gelebt, sondern wer am stärksten erlebt hat. Mancher wird mit hundert Jahren begraben, der bei seiner Geburt gestorben war. Es wäre ein Gewinn gewesen, wenn er als Kind gestorben wäre, wenn er wenigstens bis dahin gelebt hätte" (16).

Diese Betonung der Gefühle und Emotionen, der Erlebnisse und Erfahrungen führt zum Appell eines handlungsorientierten Lernens: „Empfindungen sind die ersten Bausteine seiner Erkenntnisse. ... Das Kind will alles berühren, alles anfassen. Verhindert diese Unruhe nicht. ... Es lernt Wärme, Kälte, Härte, Weichheit, Schwere, Leichtigkeit der Körper kennen und Größe, Gestalt und alle anderen Eigenschaften beurteilen, indem es sie betrachtet, befühlt, belauscht" (41).

Merksatz

Rousseau entdeckte die Lebensphase Kindheit. Erlebnisse und Abenteuer in der Natur und die Auseinandersetzung mit ihr sind die treibende erzieherische Kraft. Das unmittelbare und aktive Lernen fördert in optimaler Weise das Kind. Damit hat Rousseau die Grundmauern zum erlebnis- und handlungsorientierten Lernen geschaffen.

Henry David Thoreau oder „Into the Wild". Sean Penn (*1960) hat vor kurzem den Roman „Into the Wild" (2007) von Jon Krakauer (*1954) verfilmt, der den tragischen Rückzug eines jungen Menschen in die Natur beschreibt. Sowohl Krakauer und Penn als auch der jugendliche Held dieses Filmes sind inspiriert von Thoreau.

Zwei seiner wichtigsten Bücher „Walden oder das Leben in den Wäldern" (1854) und „Über die Pflicht zum Ungehorsam gegen den Staat" (1849) verbinden wie bei Rousseau eine pädagogische Praxis mit einer politischen Weltanschauung. Auf einer Seite befinden sich das Leiden am und der Widerstand gegen den ungerechten Staat auf der anderen die Natur als die große Erzieherin und Lehrmeisterin. Thoreau will ein Exempel statuieren und verlässt seine Heimatstadt Concorde am 4. Juli 1845, dem amerikanischen Unabhängigkeitstag. Zweieinhalb Jahre bewohnt er seine selbst gebaute Hütte am Walden-See. Thoreau verbindet mit diesem Leben in der Wildnis mehrere Ziele. Er will erstens beweisen, dass Unabhängigkeit durch selbst gewählte Armut und einfaches Leben zu erreichen ist. Es braucht weder die kommunistische Utopie noch die kapitalistische Ideologie. Inspiriert von Ralph Waldo Emerson (1803–1882) stellt er sich zweitens auch grundlegende philosophische Fragen nach Freiheit und Fortschritt, dem Verhältnis des Menschen zur Natur, den eigentlichen Bedürfnissen des Menschen, nach Religion und Spiritualität. Drittens ist sein Walden-Aufenthalt auch ein ökonomisches Modell; zweieinhalb Jahre lebt er vom eigenen Anbau und vom Tauschhandel, in einer Welt ohne Geld. Viertens schließlich könnte man diese Zeit des Rückzugs auch als eine Wildnistherapie bezeichnen. Die Einsamkeit soll ihm helfen, den unerwarteten Tod seines Bruders zu verarbeiten. In fast mittelalterlichem Geist bereitet er sich selbst auf das Sterben vor, er will die „ars moriendi" erlernen.

> „Ich zog in den Wald, weil ich den Wunsch hatte, mit Überlegung zu leben, dem eigentlichen, wirklichen Leben näherzutreten, zu sehen, ob ich nicht lernen konnte, was es zu lehren hatte, damit ich nicht, wenn es zum Sterben ginge, einsehen mußte, dass ich nicht gelebt hatte" (Thoreau 1971, 184).

So wird er zum Zeitkritiker und weltlichen Einsiedler, zum Anarchisten, der den Staat ablehnt, zum Begründer der Idee des zivilen Ungehorsams und stellt für heutige Ökologen, Friedensbewegte und Aussteiger ein Vorbild dar. Seine einsame Hütte am Walden-See schützt ihn vor den Ablenkungen und der Hektik der Stadt. Weit entfernt von der Zivilisation kommt er seiner Wahrheit näher:

> „Das meiste von dem, was man unter dem Namen Luxus zusammenfasst, und viele der sogenannten Bequemlichkeiten des Lebens sind nicht nur zu entbehren, sondern geradezu Hindernisse für den Aufstieg des Menschengeschlechts" (26).

Seine kritischen Fragen an den technischen Fortschritt sind heute noch aktuell: „Wir beeilen uns stark, einen magnetischen Telegraphen zwischen Maine und Texas zu konstruieren, aber Maine und Texas haben möglicherweise gar nichts Wichtiges zu besprechen" (61).

Thoreau zeigt, dass man sein Leben fast von heute auf morgen ändern kann und nicht auf jene besseren Zeiten warten muss, die Kommunismus und Kapitalismus versprechen. Dabei ist sein Weg in die Natur und die Wälder immer auch ein Weg ins eigene Selbst. Er ist Romantiker, der sich vom Walden-See inspirieren lässt, und zugleich Wissenschaftler, der den Dingen auf den Grund geht: „Die Ufer sind die Lippen des Sees, auf welchen kein Bart wächst. Er leckt sie von Zeit zu Zeit ab" (184). Und:

> „Es ist merkwürdig, wie lange die Menschen an die bodenlose Tiefe eines Sees zu glauben pflegen, ohne sich die Mühe zu machen, ihn zu messen. … Ich nahm die Tiefenmessung mühelos mit Bindfaden und einem ungefähr anderthalb Pfund schweren Stein vor, dabei konnte ich genau sagen, wann der Stein den Grund verließ, weil ich dann um so fester anziehen mußte, ehe das Wasser darunterfloß, mir zu helfen" (280).

Das Streben nach Reichtum betrachtet Thoreau als eine Gesellschaftsneurose. Arbeit schafft Wohlstand, dann werden Bedürfnisse geweckt und der Konsum steigt – und dies in einer immer schnelleren Folge. Und wer sich verschuldet wird abhängig vom System. Dagegen postuliert Thoreau: „… die Lebensbedürfnisse der Seele kosten kein Geld" (319).

In seinem pädagogischen Konzept finden sich viele Ähnlichkeiten zu Rousseau: „Jedes Kind fängt im gewissen Sinn die Welt von vorne an und ist am liebsten im Freien, selbst bei Nässe und Kälte" (119). Wie im „Émile" und wie bei „Robinson Crusoe" sollen Jagd und Sammeln prägen: „Man kann nur den Jungen bemitleiden, der nie eine Flinte losschießen durfte; er ist darum nicht humaner, nein, seine Erziehung wurde schwer vernachläßigt" (212). Aber auch im Spiel erfassen die Kinder die Wirklichkeit und erkennen naturwissenschaftliche Gesetze: „… die Kinder, die das Leben spielen, erfassen seine Gesetze und Beziehungen richtiger als die Erwachsenen, die nicht fertig bringen, es würdig zu leben, sich aber durch Erfahrung, d.h.: das Fehlschlagen ihrer Pläne, für weise halten" (103).

Merksatz

Thoreau war ein Aussteiger, Pädagoge, Poet und letztlich auch ein Tiefenpsychologe des 19. Jahrhunderts, der allen unnötigen zivilisatorischen Ballast auf dem Weg zum Unbewussten, zur Erkenntnis und zum geglückten Leben abwerfen will. Er wirkt v. a. durch seine Erlebnisse und Erkenntnisse, die er in seinen Tagebüchern aufgezeichnet hat. Sein Rückzug an den Walden-See wird später zum Muster für das Solo-Experience: einige Tage und Nächte allein in der Natur verbringen. Er ist tief im Bewusstsein der amerikanischen Adventure Education verankert.

2

Kurt Hahn: Wie wird Erlebnistherapie zur Pädagogik?

Kurt Hahn gilt als der Begründer der Erlebnispädagogik. In allen angelsächsischen Ländern wird er hoch geachtet. Seine Konzepte sind heute weltweit bekannt: Outward Bound (www.outward-bound.org), The Duke of Edinburgh Award (www.theaward.org) und die United World Colleges.

Von Kurt Hahn wird folgende Geschichte aus seiner Kindheit überliefert: Als er vom älteren Bruder, der ihn schlagen will, durchs Wohnzimmer verfolgt wird, ruft er diesem zu: „Lauf' schneller, als Du kannst!" 20 Jahre später formuliert der Pädagoge Kurt Hahn, dass es Verwahrlosung sei, den Jugendlichen „nicht zu Erlebnissen zu verhelfen, durch die sie ihrer verborgenen Kräfte gewahr werden können" (Hahn 1998, 241).

Kurt Hahn wollte mit positiven Erlebnissen die Gesellschaft von ihren Verfallserscheinungen heilen und nannte daher seinen pädagogischen Ansatz „Erlebnistherapie". Seine Erlebnistherapie ist Ausweg aus der Krise des Alltags, der Belang- und Bedeutungslosigkeiten, ein Pfad des Heilens. Erlebnisse sind, so Kurt Hahn, ansteckende Gesundheiten (283). Das Anliegen des politischen Pädagogen Kurt Hahn war aber nicht die Therapie des Individuums, sondern die Korrektur von gesellschaftlichen Fehlentwicklungen durch eine erlebnisintensive Erziehung.

Bei einer Dolomitenwanderung bekommt der 16jährige Kurt Hahn von englischen Freunden die „Emlohstobba" (1897) von Hermann Lietz (1868–1919) geschenkt, in dem die Eindrücke und Ergebnisse der Lietz'schen Forschungsreise in die englischen Public Schools zusammengefasst wurden. Daraus entwickelte sich das Konzept der Landerziehungsheime: Land und Erziehung und Heim.

- Land: Die Stadtflucht und die Naturnähe waren auch ein Prinzip der Hahnschen Pädagogik. Er trieb es später sogar auf die Spitze: Natur allein genügte nicht mehr; es musste eine herausfordernde Natur sein, am besten hohe Berge, das weite Meer oder tiefe Wälder.

- Erziehung: Viele Eltern, so Hahn, seien letztlich nicht fähig zur Erziehung. Sie verzärteln oder vernachlässigen ihre Kinder, erziehen einseitig und fordern keine Leistungen für Kopf, Herz und Hand.
- Heim: Hahns Internate, das erste war Salem, sollten zu einem Zuhause werden, Geborgenheit ausstrahlen und Liebe geben. Sie bieten Leben und Lernen unter einem Dach und in einer Gemeinschaft, verbunden mit klaren Werten, mit Fördern und Fordern.

Hahns Pädagogik speist sich aus der Reformpädagogik und wird durch Philosophie, Psychologie, Pragmatismus und Literatur ergänzt, durch Platons „Politeia" (die er letztlich missversteht und sehr frei interpretiert) und Goethes „Wilhelm Meister". Platon und Goethe bestärken Kurt Hahns Vision von der idealen Gemeinschaft, in der durch die Erziehung das Gute hervorgebracht wird. Die pädagogische Provinz als Oase des Guten in der verdorbenen Gesellschaft. Kurt Hahn ist auf der einen Seite ein hoffnungsfroher Romantiker, auf der anderen Seite ist sein Denken und Handeln gespeist vom amerikanischen Pragmatismus. Diese widersprüchliche Mischung ist womöglich die Grundlage seines Erfolgs.

Der häufige Vorwurf, Landerziehungsheime seien pädagogische Inseln, die zu Weltfremdheit erziehen, trifft auf das Konzept von Kurt Hahn nicht zu:

> „Darum fordern wir, dass Kinder nicht ohne Beziehung zu den Anforderungen ihrer Zeit und ihres Landes erzogen werden, damit sie nicht nach vollendeter Erziehung wie aus Elysium Entsprungene sich einer fremden Zeit und einem fremden Lande gegenüber befinden und nun zu einem tatenscheuen Zuschauerleben verdammt werden. Also muß ein Kind sein Land sozial, politisch und technisch verstehen lernen" (33).

Vier Verfallserscheinungen und vier Methoden der Erlebnistherapie

Der Romantiker Kurt Hahn sah die Gesellschaft im Verfall, der Pragmatiker entwirft ein kurzes, klares, einfaches Konzept. Es ist denkbar einfach und pragmatisch, aber nicht neu. Das war auch nicht sein Anspruch! „Es ist alles gestohlen, von Hermann Lietz, von Goethe, von Plato und von den public schools, von den Pfadfindern" (292). Folgende Verfallserscheinungen der Gesellschaft sieht Kurt Hahn, die er mit seinem Konzept therapieren will:

Den „Verfall der körperlichen Tauglichkeit" (301 ff) will er durch das „körperliche Training" aufhalten, durch leichtathletische Übungen und verschiedene Natursportarten wie Bergsteigen, Segeln, Kanufahren, Skilaufen. Ohne Zweifel verbergen sich hier auch Potenziale für eine moderne (Erlebnis-)Therapie, denn nur wenige Therapierichtungen beachten die positiven Auswirkungen von Bewegung und (Natur-)Sport auf Körper und Seele. Wenn Jean Piaget (1896–1980) sagt, dass „Denken wie Klettern im Baum funktioniert", dann muss Klettern im Baum – und andere Natursportarten – etwas zum Denken beitragen. Was Kurt Hahn beklagte, wird heute mit dem Motoriktest (MOT 4–6) an Kindern nachgewiesen: Bewegungsmangel und Übergewicht sind bei Klein- und Schulkindern eher die Regel. Dies wirkt sich nicht nur auf die körperliche Gesundheit aus, sondern kratzt am Selbstwertgefühl und kann die geistige Entwicklung hemmen (Zimmer 2005, 18 ff). Lernen in Schulen und Hochschulen ist mit Stillsitzen und Bewegungslosigkeit verbunden. Ein Projekt an einer hessischen Grundschule, an der eine tägliche Sportstunde eingeführt wurde, zeigte erstaunliche Ergebnisse (Zimmer 2005): Die Raufereien im Schulhof gingen zurück, die Konzentration im Unterricht stieg, 15 % mehr Schüler konnten für das Gymnasium empfohlen werden. All dies, so ist zu vermuten, hat Kurt Hahn geahnt und in seine Schulpraxis umgesetzt. Wenn Kinder, Schüler und Studenten die Stühle verlassen, um Sport zu treiben oder Erfahrungen in der freien Natur zu sammeln, sind positive pädagogische und therapeutische Wirkungen höchstwahrscheinlich.

Den „Mangel an Initiative und Spontaneität" will Kurt Hahn durch die „Expedition" kompensieren. Dieser mehrtägigen Tour in den Bergen, auf dem Meer, durch die Wälder, geht eine intensive Planungs- und Vorbereitungsphase voraus. Die Gruppe sorgt für sich selbst, denkt voraus, spricht alle Eventualitäten durch, erarbeitet einen Notfallplan, verteilt Verantwortlichkeiten für Nahrungsmittel und Nachtlager, klärt den Transport und erstellt eine Tourenbeschreibung, kümmert sich um erste Hilfe und letzte Besorgungen. Vorausschauend Denken und Handeln lernen für einen überschaubaren Zeitraum, sich selbstverantwortlich und verantwortlich für die Gruppe zeigen, möglichst ohne Experten Erfolg haben – das sind nur einige Lernziele. Dies alles wird durch erfahrene Lehrer oder Trainer so begleitet, dass Verletzungen, gefährliche Situationen oder andere Schäden vermieden werden. Hier schimmert Rousseaus Konzept der Minimalerziehung durch: so wenig pädagogische Eingriffe wie nötig, so viel Eigenaktivität wie möglich. Aber auch eine Erkenntnis aus der Lernforschung, dass der Mensch am meisten lernt, wenn er selbst handelt, wird hier in die Praxis umgesetzt.

„Das Projekt" soll den „Mangel an Sorgsamkeit" ausgleichen. Kurt Hahn griff dabei auf den amerikanischen Ansatz von John Dewey (1859–1952) zurück: Im Mittelpunkt von Deweys Projektidee stand die (zeitlich begrenzte) handwerkliche oder künstlerische Aktion, im Gegensatz zum schulischen Curriculum. Der Lehrer wird im Projektverlauf zum Coach und Berater, die Schüler werden zunehmend zu Experten. Die Möglichkeiten der Projektmethode sind auch heute noch in Schule und Hochschule ungenutzt. Projekte bieten ernsthafte Herausforderungen, stellen brauchbare Produkte oder Dienstleistungen her und müssen sich am Ergebnis messen lassen, verlangen sorgsamen Umgang mit Ressourcen und präzises Arbeiten. Sie sind offen, können scheitern und fördern die Teamentwicklung.

Dem „Mangel an menschlicher Anteilnahme" setzt Kurt Hahn den „Dienst" entgegen. Hahn bezeichnete den Dienst am Nächsten als das wichtigste und wirksamste Element seiner Erlebnistherapie.

> „William James hat recht, wenn er der Erziehung das Ziel setzt, im Leben der Jugend ein moralisches Äquivalent des Krieges zu schaffen. Nur irrt er, wenn er sagt, dass der Krieg die Menschenkraft in ihrer höchsten Dynamik zeigt. Ich stelle dem entgegen, dass die Leidenschaft des Rettens noch eine größere Dynamik entbindet" (Hahn 1998, 276 f).

Und an anderer Stelle sagt Kurt Hahn: „Die Leidenschaft des Rettens entbindet eine Dynamik der menschlichen Seele, die noch gewaltiger ist als die Dynamik des Krieges" (303). Dahinter steht als christliche Wurzel das Gleichnis des Guten Samariters – und als pragmatische Konsequenz die enge Zusammenarbeit mit helfenden Verbänden, z.B. mit der Feuerwehr, der Bergwacht, der Seerettung oder dem Technischen Hilfswerk.

Merksatz

Mit der Erlebnistherapie will Kurt Hahn den Verfall der Gesellschaft durch die pädagogische Praxis aufhalten. Die von ihm analysierten Verfallserscheinungen sind eine grobkörnige Analyse, die jedoch eine erstaunliche Aktualität entfaltet. Ebenso einfach kommen seine vier Therapien (körperliches Training, Expedition, Projekt und Dienst am Nächsten) daher. Sie besitzen aber ohne Zweifel

allerhöchste Bedeutung für die Lösung aktueller Probleme wie Übergewicht und Adipositas, Passivität durch neue Medien, Defizite bei sozialen Kompetenzen.

Die sieben Salemer Gesetze

Mit den Salemer Gesetzen (151 ff) wird die Hahnsche Erlebnistherapie zu dem, was sie immer sein sollte: ein pädagogisches Konzept. Heute würde man die sieben Gesetze, die in der Schule Schloss Salem galten, als die „Philosophie" einer Institution bezeichnen. Sie beinhalten erstaunlich aktuelle pädagogische Anregungen, die jedem Internat, jeder Schule, jeder pädagogischen Weiterbildung ins Stammbuch geschrieben werden könnten:

1. Gebt den Kindern Gelegenheit, sich selbst zu entdecken.
2. Lasst die Kinder Triumph und Niederlage erleben.
3. Gebt den Kindern Gelegenheit zur Selbsthingabe an die gemeinsame Aufgabe.
4. Sorgt für Zeiten der Stille.
5. Übt die Phantasie.
6. Lasst Spiele eine wichtige, aber keine vorherrschende Rolle spielen.
7. Erlöst die Söhne reicher und mächtiger Eltern von dem entnervenden Gefühl der Privilegiertheit.

Kurt Hahn hat mit seiner schmalen Theorie eine Erziehungsrepublik geschaffen, die ihresgleichen sucht. Seine Ideen umrundeten die Welt und haben nichts von ihrer Zauberkraft verloren. Bildungshäuser von Outward Bound findet man auf allen Kontinenten, der Duke of Edinburgh Award, begründet von Kurt Hahn und dem Duke of Edinburgh, Prinz Philipp, wird in mehr als hundert Ländern der Erde verliehen, und die United World Colleges sind zu einem nachhaltigen Schulsystem gewachsen, das Leben und Lernen verbindet.

3

Die Wiederentdeckung der Erziehung: Was hat die Erlebnispädagogik dazu beigetragen?

Mit der antiautoritären Erziehung (Neill 1969) und v. a. mit der Antipädagogik (Braunmühl 1983) mündete jegliche Erziehung in Beziehungsarbeit zwischen gleichberechtigten Kindern und Erwachsenen. Vorbildfunktion, Werteerziehung, Belehrung, Schule – alles pädagogische Handeln galt als verwerflich. Die Erlebnispädagogik hat einen wesentlichen Beitrag zur Wiederentdeckung der Erziehung geleistet, indem sie einige vergessene und verdrängte pädagogische Grundhaltungen und Werte zu Tage förderte. Im Folgenden sollen zehn Wiederentdeckungen beschrieben werden, die wir weitgehend der Erlebnispädagogik verdanken.

(1) **Leitung, Führung, Verantwortung** – Die Diskussion über und die Kritik an Erlebnispädagogik haben eine neue Kultur von Leitung, Führung und Verantwortung begründet: In erlebnispädagogischen Situationen lassen sich manche Ereignisse weder wegdiskutieren noch mit scheindemokratischen Argumenten regeln. Das drohende Unwetter auf dem Gipfelgrat, der dauerhafte Regen, die Kälte bei der Schlauchbootfahrt – diesen Situationen muss man sich stellen und gelegentlich braucht es die eindeutige und schnelle Entscheidung eines kompetenten Leiters, um die Teilnehmer vor Gefahren zu schützen.

Nach 1970 bis 1980, ein Jahrzehnt, in dem u. a. auch der antipädagogische Ansatz modern war und viele Fachleute nicht mehr von Erziehung, sondern nur noch von Beziehung sprachen, tat es nun gut, dass sich Pädagoginnen und Pädagogen zu ihrer Verantwortung und zu ihrer Vorbild- und Führungsposition bekennen.

(2) **Erleben und Lernen gehören zusammen** – „Das Schüren von Emotionen galt mir immer als ein legitimes Stilmittel, weil der Mensch unter dem Eindruck eines Gefühls nicht nur am besten lernt, sondern sich auch am besten seiner Lehren erinnert". Diese Worte legt Horst Stern (*1922) in seinem Roman „Mann aus Apulien" (1986) dem Stauferkö-

nig Friedrich II. in den Mund. Dass Erleben und Lernen zusammen gehören, ist eine bekannte Tatsache, die aber im Gefolge der 68er- Generation vergessen und geleugnet worden war. Erst die Erlebnispädagogik hat dies wieder in den Mittelpunkt gerückt.

Der Lateinlehrer meines Freundes lag, um die Tischsitten der alten Römer zu verdeutlichen, auf dem Lehrerpult, verspeiste ein saftiges Hähnchen und warf die abgenagten Knochen hinter sich. Dabei erzählte er in lateinischer Sprache von den Tischsitten der Römer. Diese Unterrichtsstunde blieb unvergesslich. Lern- und Gehirnforscher haben mit ihren Forschungsergebnissen diese pädagogische Praxis, die erleben und lernen miteinander verbindet, bestätigt. Erlebnisreicher Unterricht ist erfolgreich, heute aber geht es noch einen Schritt weiter: Schüler sollen so aktiv wie möglich den eigenen Lernprozess gestalten und sich Wissen selbst aneignen.

(3) Learning by Doing: Erziehen heißt handeln – Nach mindestens einem Jahrhundert des Sitzlernens liegt die Zukunft des Lernens wieder im Unterwegssein in der Natur mit einfachen Mitteln. Alle Forschungsergebnisse sprechen dafür, dass im Handeln, durch Anschaulichkeit und über die Kanäle aller Sinne am meisten gelernt wird, also mit und über den Körper. Die Erlebnispädagogik versucht, im besten ganzheitlichen Sinne, Kopf, Herz und Hand miteinander zu verbinden. In Schulen und Hochschulen spielt dagegen handlungs- und erlebnisorientiertes Lernen in der Regel keine Rolle, Bewegung und Sport werden meist reduziert auf wenige Stunden pro Woche. Wer handelt, hebt sich ab; die (Gestalt-)Psychologen sagen: Der Handelnde hat eine gute Gestalt. Wo es nach Sport, Spiel und Spannung riecht oder gar nach „Action" und „Abenteuer", können wir mit einem gesteigerten Interesse von Kindern und Jugendlichen rechnen. Wer etwas gemeinsam erlebt hat, hat sich auch etwas zu erzählen. Dies gilt auch für das Lehrer-Schüler-Verhältnis: Jede Schulklasse erlebt den wohltuenden Einsturz der gegenseitigen Vorurteile im Schullandheim, in der Schulskiwoche oder auf der Berghütte. Das Verhältnis Schüler-Lehrer hat sich nach solchen Maßnahmen oft grundlegend und meist positiv verändert.

(4) Körper: Kult und Kultur – Die deutsche Pädagogik hat seit den 1960er Jahren ein gebrochenes Verhältnis zum Körper. Sport und Bewegung galten lange als banale Nebensache, weil sie nichts zur Veränderung der Gesellschaft beitrügen. Böse Zungen behaupten, dass die Körpererfahrung der 68er-Generation hauptsächlich in der Flucht vor der

Polizei lag. Die Erlebnispädagogik integrierte zwei extreme Pole, nämlich jenen vom vergessenen Körper der 68er-Generation mit dem gehuldigten Körper der Körpertherapie und der Wellness-Szene, die etwa zehn Jahre später modern wurde.

Die gesellschaftliche Einstellung zum Körper hat sich geändert: „Ich habe meinen Körper, also bin ich", könnte ein Slogan heute lauten. Immer mehr wird unser Körper zum Erlebnisprojekt, zum Träger der Sexualität, zum Vehikel der Freizeitbetätigung, zum Statussymbol und zur Projektionsfläche einer neuen Körperästhetik. Moderne bzw. wiederentdeckte Körpermodifikationen wie Piercing oder Tätowieren zeigen das, auch Fun- und Extremsportarten, der Run auf Fitnessstudios, der nächtelange Rave. Der Körper wird zum einzigen Bezugspunkt der postmodernen Identität, „... zum Fun-Faktor, den man formen kann" (Kasten 2006, 12).

Die Erlebnispädagogik bietet einen anderen Zugang zum Körperbewusstsein an. Sie nutzt Sport und Natursport, ohne zu ehrgeizige Ziele zu setzen. Sie setzt auf Körperlichkeit, Lust an der Leistung, Bewegung und Sport, und will dies in ein ganzheitliches Erziehungskonzept integrieren. So werden in der Jugendsozialarbeit mit erlebnispädagogischen Methoden nicht selten Jugendliche angezogen, die vorher ihre Abenteuerlust in extremem Risikoverhalten ausgelebt haben. Gesunde Ernährung, Sport und ein strukturierter Tag, so eine These, würde die Hälfte aller medizinischen und sozialen Probleme von Kindern und Jugendlichen lösen.

(5) **Langsamkeit, schöpferische Pause, rechter Augenblick** – Gerade handlungsorientierte Methoden bieten die Möglichkeit, die pädagogischen Dimensionen der Pause, des Ruhens, der Stille, des Müßiggangs, des Nachdenkens, der Langsamkeit und der Einsamkeit wirksam werden zu lassen. Viele Dinge lassen sich eben durch die Erfahrung ihres Gegenteils erst richtig erfassen und daher sind Anstrengung und Leistung, Entbehrung und Überwindung, Ausdauer und Action die Voraussetzung dafür, dass sich schöpferische Pause, Müßiggang und Nachdenken sinnvoll entfalten können: Viele Erlebnisse brauchen ihre Zeit, um wirken zu können und zu Erfahrung zu werden. Sie haben sich als offene Impulse auf unserer seelischen Leinwand eingeprägt, diese Impulse werden zum passenden Zeitpunkt zu Ende gebracht. Entweder eine ungewohnte Situation oder eine besondere Herausforderung verlangen ein neues Verhalten oder ein Reifeprozess wurde zu Ende gebracht. Die Erlebnispädagogik setzt hier auf den sog. Zeigarnik-Effekt (siehe auch

Kapitel 4). Darunter versteht die Psychologie offene Lernsituationen, die aufgrund ihrer Unfertigkeit die Lernmotivation des Individuums positiv beeinflussen (Drever / Fröhlich 1968, 258).

(6) Rituale: zwischen Ratio und Religion – Rituale, Feste und Feiern gestalten unsere individuelle Entwicklung, bringen Zäsuren in unseren Alltag, vermitteln Sinn und sinnliche Erfahrung, üben eine Bindungsfunktion für eine Gemeinschaft aus und helfen über Lebenskrisen hinweg. Sie sind letzte Orientierungspunkte in einer unübersichtlichen Welt und wer sie ablehnt, hat selten einen adäquaten Ersatz. In der Erlebnispädagogik erlangen Rituale und Spiritualität eine zunehmende Bedeutung. Nicht selten entsteht jedoch daraus eine krude Mischung aus westlichen Interpretationen schamanischer Séancen, afrikanischen Ritualen und indianischen Beschwörungen. Albin Muff und Horst Engelhardt (2007) haben nun mit „Erlebnispädagogik und Spiritualität. 44 Anregungen für die Gruppenarbeit" eine hervorragende Praxisanregung vorgelegt und damit eine Lücke gefüllt.

(7) Räume, Zeitverständnis, Gemeinschaft – Ein Bild aus dem Kultfilm „Der Club der toten Dichter" steht für diese drei wichtige Prinzipien: Die Jungen eines strengen englischen Internats haben jenseits des Flusses, weit weg von der Schule, eine Höhle entdeckt, die zu ihrer zweiten, zur eigentlichen Heimat wird. Dort sitzen sie nun, ihre Gesichter sind vom fahlen Kerzenschein erleuchtet. Endlich sind sie allein und können sich ihren Themen widmen: dem Frust über die Schule, der Ungerechtigkeit der Lehrer, der Verbohrtheit der Eltern und den Freuden der Freundschaft und der ersten Liebe. Dieses Bild steht für mindestens zwei Aufgaben modernen pädagogischen Handelns: Räume erschließen und Gemeinschaft ermöglichen. Nachdem es ein Auftrag des Pädagogen ist, sich überflüssig zu machen, ist es auch seine Aufgabe, pädagogische Freiräume – also Räume ohne Pädagogen – zu schaffen, um die Bildung von Kinderspielgruppen und Peer-Groups zu fördern. Deren Beitrag zu Erziehung und Sozialisation wird häufig unterschätzt bzw. ist in Vergessenheit geraten. Wer sich auf die Klassiker der Kinder- und Jugendliteratur besinnt, z.B. „Die Rote Zora" von Kurt Held, spürt jedoch noch etwas von der unschätzbaren Bedeutung dieser pädagogisch wichtigen Gruppe. Die Erlebnispädagogik stellt hier einen Königsweg zu diesen Zielen dar.

(8) Abenteuerspiele und Problemlösungsaufgaben – Wer die praktische Pädagogik beobachtet, wird sehen, dass es in der Spielepädagogik immer wieder Moden gab. 1975 waren die New Games hochaktuell, die eigentlich alte Spiele aus der Pfadfinderzeit waren. Dann kam in den 1980er Jahren eine Phase der Friedensspiele, der Spiele ohne Wettkampf und ohne Sieger, und schließlich entwickelten sich die Kimspiele, die die Wahrnehmung schulten. Derzeit modern sind die kooperativen Abenteuerspiele, die vor allem durch die Bücher von Anette Reiners (Augsburg 2002) sowie von Rüdiger Gilsdorf und Günter Kistner (2003) populär geworden sind. Die amerikanische Adventure Education hat immer auf Problem Solving Games gebaut; auch in Deutschland wurde ein starkes spielerisches Element in der Erlebnispädagogik verankert. Diese kooperativen Abenteuerspiele oder auch Initiativspiele werden sowohl bei Schulklassen und Auszubildenden, aber auch als Problemlösungsaufgaben und konstruktive Lernprojekte bei Fach- und Führungskräften eingesetzt (Heckmair 2008). Sie eignen sich in besonderem Maße dafür, Schlüsselqualifikationen zu trainieren. Ganz sicherlich wird aber auch sie das Schicksal aller spielpädagogischen Bewegungen ergreifen und in wenigen Jahren werden sie wieder vergessen sein bis auf ein paar Reste, die in das Allgemeingut des Spielens eingehen werden.

(9) Pädagogik und moderne Medien – 90 % seiner Lebenszeit verbringt der moderne Mensch in Räumen (Grober 2006, 85). Und die Welt kann man sich (anscheinend) heute in den privaten Raum holen: via dreißig oder mehr Fernsehkanälen, DVD-Recorder, PC mit den Modems für Mailing und Einkaufprogramme, etc. Wir, und vor allem die Kinder und Jugendlichen, laufen Gefahr, das Leben immer mehr aus zweiter Hand zu erfahren. Die Medien sind neben Elternhaus, Schule und Jugendarbeit zur vierten pädagogischen Macht geworden. Die Faszination mit der Kinder am Game Boy und Jugendliche am PC spielen, lässt jeden ehrlichen Pädagogen vor Neid erblassen. In Woody Allens (*1935) Film „The Purple Rose of Cairo" (1985) steigt der Held aus der Leinwand und tritt somit in die Wirklichkeit. Die kindliche Spielwelt vollzieht den umgekehrten Weg.

Dass es dabei wie in der Erlebnispädagogik um eine Gefühlspalette aus Wagnis, Abenteuer, Prüfung, Risiko und Geheimnis geht, zeigt eine Äußerung des Erfinders des Spiels „Super-Mario-Land":

„Das Spiel muß etwas von dem Gefühl vermitteln, das ein Kind hat, wenn es alleine eine Höhle betritt. ... Wenn man hineingeht, muß man die kalte Luft um sich herum spüren, eine Abzweigung entdecken und sich dann entscheiden, ob man sie erforschen will oder nicht" (ZEIT-Magazin, 20.11.1992, 68 f).

Wird die Versuchung der künstlichen Abenteuer so groß werden, dass die Angebote der Pädagogen schlichtweg abgelehnt oder nur mehr aus Mitleid angenommen werden? Welche Auswege aus diesem Dilemma bieten sich an?

Erstens müssen die Erziehenden ihre Aufgabe erfüllen und eine Kultur des Lernens begründen, die Spaß macht, spannend ist und dazu noch Freiräume zur Selbsterziehung bietet. Das sind Lernprinzipien der Erlebnispädagogik. Zweitens müssen wir uns darüber klar sein, dass auch eine noch so spannende Pädagogik nicht gänzlich die Welt der modernen Medien ausschalten kann; sie sollte nicht gegen diese, sondern mit ihnen arbeiten.

Beispiel – Geocaching (www.geocaching.de) ist eine moderne Form einer Schatzsuche bzw. Schnitzeljagd. Ausgestattet mit einem Global-Positioning-System(GPS)-Empfänger und den Koordinaten eines „Schatzes" aus dem Internet kann man fast überall in Europa die Schätze finden, die jemand anderer an ungewöhnlichen Plätzen versteckt hat. Meine Studenten entdeckten so im Rahmen einer Exkursion mit großer Leidenschaft die mittelfinnische Stadt Mikkeli. Was derzeit noch Hobby ist, kann sich zu einem pädagogischen Programm entwickeln.

(10) Kultur der Reflexion und des Transfers – Ich war fast zehn Jahre Bildungsreferent an einer Jugendbildungsstätte in Bayern. Dort wurden Seminare zur politischen, ökologischen und kreativen Bildung angeboten. Fast nie wurde nach der Wirkung dieser Seminare und dem Transfer des Gelernten auf den Alltag gefragt. Ob die Seminare sich nun mit politischen Utopien beschäftigten oder mit Auswanderungsideen, mit Rhetorik oder mit journalistischen Fragen, oder auch mit Bauchtanz und Flamenco – nie wurde bezweifelt, dass diese Seminare wirksam seien. Als ich aber 1986 zum ersten Mal eine Höhlenbefahrung als Seminar angeboten habe, hat der Bayerische Jugendring eine finanzielle Bezuschussung verweigert. Dies hat dazu geführt, dass ich sehr bald in einem fachwissenschaftlichen Beitrag versucht habe, eine theoretische Begründung dieser praktischen Aktivität zu schreiben (Michl 1989). Ohne Zweifel hat die Erlebnispädagogik, aufgezwungen vor allem von außen, eine Kultur der Reflexion und des Transfers entwickelt. Eine

Vielzahl von kreativen Reflexionsmethoden wurde im Rahmen von erlebnispädagogischen Seminaren ausprobiert und eingesetzt. Keine
Sparte der praktischen Pädagogik hat sich so viele Gedanken gemacht
über den Transfer des Gelernten in den Alltag.

Lernmodelle: Last oder Lust des Lernens?

Erlebnispädagogik ist nichts anderes als effizientes Lernen. Alle wichtigen Lerntheorien unterstützen diese These und helfen der Erlebnispädagogik, sich von emotionalen Zuschreibungen – sie bedeute nur Freizeit und Fun, Survival und Spaß, Thrill und Terminator – endgültig absetzen zu können. In diesem Kapitel werden entsprechende Lernmodelle beschrieben, die bei der erlebnisorientierten Erziehung angewendet werden können.

Mit Erlebnispädagogik assoziieren nicht wenige Kritiker Angst, Gefahr, Panik, Survival, physische Erschöpfung. Als „Tarzanpädagogik" wurde sie diffamiert (Schiedeck / Stahlmann 1994), als männliche Machopädagogik verdächtigt. Sind Wagemut und Angst gute Lehrer? Ist Lernen zwischen Prägung und Panik überhaupt möglich? Oder befriedigt diese Pädagogik nur die Abenteuerlust der Pädagoginnen?

Etwas polemisch könnte man sagen, dass das schulische Lernen die pädagogische Käfighaltung fortsetzt, die heute im Elternhaus beginnt. Waldhütten, Verstecke, Hinterhöfe, Hecken und Höhlen wurden durch normierte Spiel- und kontrollierte Sportplätze, Kindergarten und Kinderzimmer ersetzt. Pippi Langstrumpf wäre heute beim Psychotherapeuten und würde Ritalin verordnet bekommen. Der Absatz von Ritalin ist beispielsweise in den letzten zehn Jahren um das 270fache gestiegen (Rühle 2008). Hat sich die Zahl der Zappelphilippe um das 270fache gesteigert? Oder hat sich vielmehr Bewegungsarmut als Volkskrankheit etabliert? Konrad Lorenz bezeichnete diese Entwicklung als die „Verhausschweinung" des Menschen.

Lernen in Schulen und Hochschulen findet im Sitzen statt; die Lehrer kümmern sich halbtags um die Köpfe der Schüler und Studenten, der weitere Teil des Körpers ist eher uninteressant oder stört sogar. Meist über das Ohr, manchmal über das Auge, wird Lernstoff aufgenommen. In der Regel vermittelt der Lehrer diesen Lernstoff frontal und in künstlichen, geschlossenen und verpflichtenden Situationen. Es geht um die Lücken im Wissen und in den Fähigkeiten, also um die Defizite – der Nürnberger Trichter lässt grüßen.

Ganz anders ist der Ansatz des erlebnis- und handlungsorientierten Lernens. Es will möglichst alle Sinne bedienen, stellt das „Learning by Doing" in den Mittelpunkt, nimmt die Gruppe ernst, unterstützt die Selbststeuerung, bietet Ernstsituationen, sucht nach den Stärken und Ressourcen der Lernenden, findet in offenen Situationen statt und bietet nicht immer eindeutige Lösungen an.

Der moderne Roman endet oft ungelöst, das Theaterstück lässt vieles unbeantwortet, der Spielfilm blendet einfach aus und auch die Werbung spielt mit diesem Effekt. Unerledigte Handlungen und beeindruckende Erlebnisse werden besser behalten als abgehakte Lerninhalte. Die Psychologie nennt dies den Zeigarnik- bzw. Cliffhanger-Effekt, denn die unerledigte Sache hängt wie ein Kletterer am Felsen. Die russische Psychologin Zeigarnik, die mit Kurt Lewin zusammenarbeitete, hatte dieses Phänomen erstmals festgestellt. Die Restspannungen, die nicht eingetretene Wunscherfüllung, die beeindruckenden Erlebnisse sind Ursache dafür, dass Unerledigtes besser im Gedächtnis haften bleibt als erledigte Handlungen. Und im Sinne der Gestaltpsychologie will das Individuum die Angelegenheit selbst vollenden, damit daraus eine „gute Gestalt" wird.

Die amerikanischen Sozialpsychologen Joe Luft und Harry Ingham haben 1971 das Johari-Fenster erfunden, um Veränderungen im Selbst- und Fremdbild darzustellen (Wellhöfer 2007, 50 ff). Das Fenster besteht aus vier Flächen. A steht für die öffentliche Person, mir und den anderen bekannt. B, der blinde Fleck, zeigt jenen Verhaltensbereich an, den andere an mir bemerken, der mir selbst aber nicht bewusst ist. C ist die private Person, all jene Dinge, die ich nicht offen legen will und verbergen kann. D stellt das Unbewusste dar. Die Dynamik erlebnisorientierten Lernens, die Tatsache, dass man sich zwar hinter Worten aber nicht hinter seinem Körper verbergen kann, macht das Johari-Fenster zu einem brauchbaren Instrument, Veränderungen im Selbst- und Fremdbild im erlebnispädagogischen Kontext festzuhalten.

> **Merksatz**
>
> **Draußen in der Natur zu lernen ist aus mehreren Gründen effizient. Zum einen führt diese Lernumgebung dazu, dass Statusunterschiede ausgeglichen werden – der Alltag gerät in Vergessenheit, die Masken fallen. Zweitens können Ursache und Wirkung des Handelns direkt erlebt und als Lernanlass genutzt werden. Drittens spielen die Emotionen und die Kommunikation eine große Rolle. Viertens vermitteln Erlebnisse in der Natur nachhaltige Eindrücke, die neben der Erziehung auch eine Art Prägung darstellen.**

Abb. 5: Das Johari-Fenster vor und nach einem erfolgreichen Training (in Anlehnung an Wellhöfer 2007, 51)

Lernen zwischen Komfort und Panik

Die Lernpsychologie hat gezeigt, dass wir wenig lernen, wenn wir uns in einer Komfortzone bewegen – „Ein voller Bauch studiert nicht gern" –, in der wir mit unserem üblichen Verhalten erfolgreich sind. Und sie hat bewiesen, dass wir bei großer Angst und Panik nichts lernen, weil wir dann nichts anderes als Kampf oder Flucht im Sinn haben. Auch die

Gehirnforschung bestätigt, dass Furcht und Panik das Lernen unmöglich machen:

„Genauso wenig können neue Wahrnehmungen ins Bewusstsein eines Menschen gelangen, wenn sie für ihn zu fremd sind, zu plötzlich auftauchen, zu überwältigend oder einfach nur zu zahlreich sind – also immer dann, wenn sie Furcht auslösend sind und im Gehirn eine Notfallreaktion in Gang gesetzt wird, die zunächst nichts weiter als das nackte Überleben sichern hilft. In solchen Situationen ist bewusstes Reflektieren und langes Nachdenken nicht nur wenig hilfreich, sondern ‚hirntechnisch' gar nicht möglich" (Hüther 2004, 25).

Lernen bedeutet Veränderung, und Veränderungen sind für das Gewohnheitstier Mensch eine Bedrohung. Nicht nur am Anfang der Philosophie, auch am Anfang des Lernens steht das Staunen, die Verwirrung, die Krise, das Problem, die Herausforderung. Die Erlebnispädagogik besteht immer in der Zumutung, Menschen aus der Komfortzone in die Zone der Herausforderung zu bringen. Dabei setzt sie nicht nur auf den

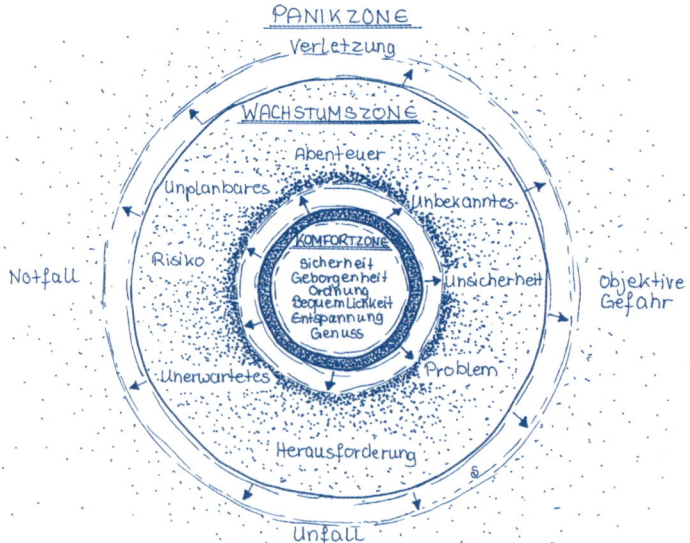

Abb. 6: Lernen – zwischen Komfort- und Panikzone (in Anlehnung an Luckner / Nadler 1997, 29)

Kopf, also auf kognitive Funktionen, sondern auch auf Herz und Hand. Bewegung, Körper, Sport sind daher ein wichtiger Faktor beim handlungsorientierten Lernen. Luckner und Nadler (1997, 28 ff) haben das Modell der Komfort- und Lernzone beschrieben.

Die Erlebnispädagogik will Herausforderungen anbieten und subjektive Grenzen überschreiten. So können Komfort- und Wachstumszone erweitert werden. Eingebettet in eine Gruppe, betreut von erfahrenen Erlebnispädagogen, mit Vertrauen in die Technik und in sich selbst – so kann, laut Luckner und Nadler, der Durchbruch in die nächste Zone gelingen. Und wer diese Zone öfter durchbricht, wird ungewohnte Situationen irgendwann der Komfortzone zurechnen.

Flow: Lernen durch Lust und Leistung

Felix von Cube (1990) geht davon aus, dass es ein Streben nach Risiko und Abenteuer gibt. Der Mensch sucht das Risiko auf, um Sicherheit zu gewinnen. Das Unbekannte wird dann so zum Bekannten, zum Berechenbaren und zum Vertrauten. Von Cube folgert (1990, 12): „Warum ist Klettern so lustvoll? Weil man bei jedem Schritt Unsicherheit in Sicherheit verwandelt". Weil der Mensch um seine existenzielle Unsicherheit weiß, strebt er in allen Bereichen nach totaler Sicherheit. Nach von Cube gibt es vier Stufen, vier evolutionäre Prinzipien, die uns helfen, Sicherheit zu gewinnen: Instinkt, Lernen, Denken, Neugier.
Während der Instinkt eine gefühlsmäßige Sicherheit vermittelt, wird durch Lernen neue Information be- und verarbeitet. Das Denken ist die logische Durchdringung der Wirklichkeit; der Neugiertrieb schließlich soll Unbekanntes in Bekanntes verwandeln. Von Cube entdeckt dabei auch ein Lustprinzip: das „Flow"-Erlebnis. Er lehnt sich hier an die Forschungsergebnisse von Csikszentmihalyi (1987) an, der bei Kletterern, aber auch bei Tänzern, Chirurgen, Schachspielern und Musikern einen psychischen Zustand festgestellt hat, den er als Flow bezeichnete. Flow ist nach seiner Definition „das holistische Gefühl beim völligen Aufgehen in einer Tätigkeit. Handlung erfolgt auf Handlung, der Handelnde erlebt ein einheitliches Fließen von einem Augenblick zum nächsten …, kaum eine Trennung zwischen sich und der Umwelt, zwischen Stimulus und Reaktion, oder zwischen Vergangenheit, Gegenwart und Zukunft" (von Cube 1990, 58 f). Der flüchtige Zustand, der nur schwer über einen längeren Zeitraum durchgehalten werden kann, ist gekennzeichnet durch „das Verschmelzen von Handlung und Bewußtsein" (61). Csiks-

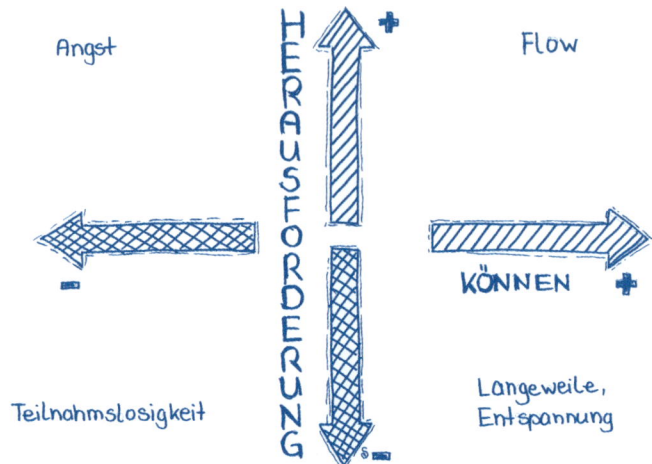

Abb. 7: Flow – Spaß und Spannung oder Langeweile und Angst? (in Anlehnung an Gilsdorf 2004, 7)

zentmihalyi hat nach einer ausführlichen Befragung von Kletterern feststellen können, dass offenbar die Gefahr selbst und ihre Überwindung keine hinreichenden Motive für das Tun der Kletterer sind. Es sind vielmehr „Gefühle der Kontrolle" und des Könnens, die Lustgewinn versprechen (113).

So neu sind die Thesen von Csikszentmihalyi übrigens nicht. Bereits Immanuel Kant (1724–1804) hat in seinem kleinen Buch über die Erziehung angemerkt: „Der Mensch muß auf eine solche Weise okkupiert sein, daß er mit dem Zwecke, den er vor Augen hat, in der Art erfüllt ist, daß er sich gar nicht fühlt" (1997, 65).

Erlebnisorientierter Lernzyklus

David Kolb entwickelte 1984, inspiriert von John Dewey und Kurt Lewin, den „Experiential learning cycle" (Luckner / Nadler 1997, 5 f), der aus vier Phasen besteht und der etwas vereinfacht und leicht modifiziert so verläuft: Erlebnisse durch Herausforderungen (1), Rückblick und Reflexion (2), Generalisierung der Erlebnisse zu Erfahrungen und Erkenntnissen; Abgleich mit Theorien (3), Anwendung der Erkenntnisse in neuen Situationen (4).

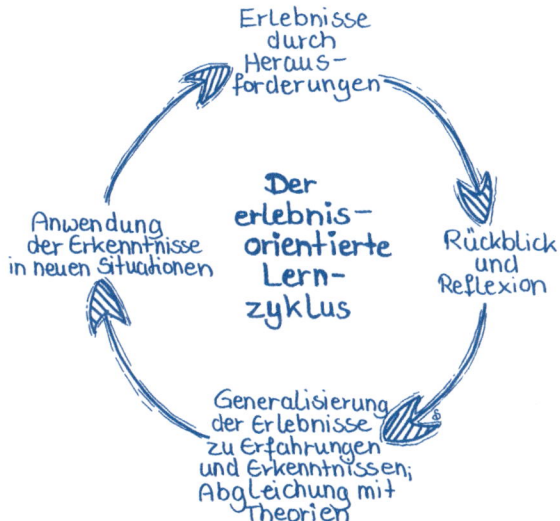

Abb. 8: Der erlebnisorientierte Lernzyklus (in Anlehnung an Luckner / Nadler 1997, 8)

Der Einstieg in diesen Lernzyklus kann überall beginnen. So kann die Ausgangsfrage eine falsche Generalisierung sein oder eine misslungene Anwendung mangels Theorie. Immanuel Kant stellt in der „Kritik der reinen Vernunft" (1781) fest: „Begriffe ohne Anschauung sind leer, Anschauung ohne Begriffe ist blind" (1983, 98). Über diese Kluft baut der erlebnisorientierte Lernzyklus eine Brücke. Noch besser wäre es, sich diesen Kreis als Spirale zu denken, denn jedes Mal, wenn wir in diesen Lernzyklus neu eintreten, geschieht dies auf einem höheren Level, mit höherer Kompetenz, aber mit geringerem Lernertrag. Kolb geht auch davon aus, dass je nach Lernstil Lernende in einem Teil des Lernzyklus Schwächen, in einem anderen Stärken zeigen.

Konstruktiv lernen

Im „Zentrum der Hochschuldidaktik der bayerischen Fachhochschulen" (www.diz-bayern.de), das ich aufgebaut und sechs Jahre lang geleitet habe, zeige ich bei dem Basisseminar Hochschuldidaktik für die neu berufenen Professoren folgende geometrische Figur und frage sie dann, was sie hier sähen:

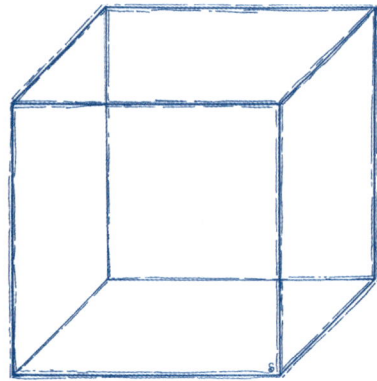

Abb. 9: Ein Würfel oder zwölf Striche?

Die Antworten lauten: einen Würfel, einen Quader, eine Zimmerecke, den Teil eines Maschendrahtzaunes – und manche antworten: Ich sehe nichts anderes als zwölf Striche. Tatsächlich handelt es sich um nichts als zwölf Striche, der Rest ist Konstruktion. Unser Leben ist auf Konstruktionen aufgebaut, sie führen uns wie ein Geländer durch die Realität. Aus den Ergebnissen der Lernforschung aus konstruktivistischer Sicht lassen sich vier Lerngesetze formulieren – bei genauerer Betrachtung sieht man, wie sehr diese den Lernprinzipien der Erlebnispädagogik gleichen:

- Lernen ist ein aktiver und konstruktiver Prozess. Wir alle kennen jedoch das Phänomen des trägen Wissens: In Schule und Hochschule lernen wir in der Regel passiv und rezeptiv, zunächst für ca. 17 Jahre, aber eigentlich lebenslang. Und in Naturwissenschaften und Technik erneuert sich in wenigen Jahren das gesamte Fachwissen bzw. wächst exponentiell an. Da ist es wichtig, dass wir Strategien des Vergessens entwickeln.

- Lernen ist situations- und kontextgebunden. Wir lernen immer in einer ganz bestimmten Lernumgebung. Diese Inszenierung der Lernumgebung spielt in Schulen und Hochschulen eine geringe Rolle. Es ist ein Verdienst der Erlebnispädagogik, dass sie die Lernumgebung, die Situation und den Kontext des Lernens beachtet und diesen Elementen damit eine neue Bedeutung zugewiesen hat.

- Lernen ist ein selbst gesteuerter Prozess. Aus vielen Untersuchungen zur Lernpsychologie wissen wir, dass am besten lernt, wer das Lerngeschehen selbst in die Hand nimmt. Überall ist es notwendig, eine größtmögliche Selbststeuerung des Lernens zu erreichen. An Schulen und Hochschulen sind wir weit davon entfernt, in der Erlebnispädagogik sind wir diesem Lernprinzip sehr nah.

▪ Lernen ist ein sozialer Prozess. Lernen basiert immer auf der Interaktion, wenigstens auf der zwischen Lehrer und Schüler. Letztlich aber ist Lernen immer eingebettet in eine Dynamik der Gruppe, und wer diese Dynamik der Gruppe nicht beachtet, vergibt Lernchancen.

„Wir leben immer in einer Welt, die wir uns einbilden". Johann Gottfried Herder (1744–1803), von dem dieses Zitat stammt, ist somit einer der vielen Vordenker des Konstruktivismus. In seiner radikalen Variante versteht der Konstruktivismus Menschen als geschlossene Systeme, denen die äußere Realität weder sensorisch noch kognitiv zugänglich ist. Natürlich nehmen wir mit unseren Sinnen wahr. Die so erzeugte Wirklichkeit ist aber keine Abbildung der Außenwelt, sondern eine funktionale Konstruktion. Wenn sie sich bewährt, so nennen die Konstruktivisten dies „viabel". Insofern können Menschen auch nicht von ihrer Umwelt determiniert, sondern allenfalls „gestört" und angeregt werden. „Wahrheit ist, was funktioniert!", so William James (1842–1910), Vordenker des Pragmatismus, der sich damit ebenfalls als Konstruktivist erweist, weil es ihm nicht um absolute Wahrheit geht, sondern um in der Realität funktionierende Konstruktionen. Und der Entwicklungspsychologe Jean Piaget (1896–1980) gilt als wahrscheinlich wichtigster Vordenker der konstruktivistischen Theoriebildung. Wissen entsteht nach Piaget aus der physischen und / oder mentalen Aktivität eines Individuums. „Alles Wissen ist an Handeln gebunden …" und „einen Gegenstand zu erkennen bedeutet, ihn in ein Handlungsschema einzugliedern, und dies gilt auf der untersten sensomotorischen Ebene ebenso wie auf allen anderen bis zu den höchsten logisch mathematischen Operationen" (Piaget 1967, zitiert nach v. Glasersfeld 1997, 103). Wer sich auf die Suche nach Verbindungslinien zwischen Erlebnispädagogik und Konstruktivismus begibt, landet fast zwangsläufig bei der Berliner Gruppe „Story Dealer":

Beispiel – 48 Kinder und zwölf Erwachsene aus Berlin fahren mit einem Bus in die wohlverdienten Sommerferien (Geißlinger 1999, 165 ff). Nach vier Stunden Fahrt bleibt der Bus (angeblich) mit Getriebeschaden stehen. Da der Weg zum Ferienlager in Querenbach nicht mehr weit ist, gehen Kinder und Betreuer zu Fuß los. Doch nach vier Stunden ist immer noch nichts in Sicht. Querenbach kennt niemand in dieser Gegend. Querenbach gibt es nicht, das Dorf ist reine Fiktion. Es wird langsam dunkel. In einem Tal entdecken die Kinder eine alte Mühle. Man klopft an die Tür, ein Mann in Mönchskutte erscheint und vertröstet sie – er müsse erst seinen Herrn, den Müller, fragen. Die Kinder schauen durchs Fenster und sehen einen weißbärtigen Mann, der Geld zählt. Auch dies ist kein Zufall, sondern, wie Geißlinger sagen würde, ein Anschlag auf die Wirklichkeit. Dann wird die Gruppe eingelassen und kann im riesigen Heuschober übernachten. Am Morgen sehen die Kinder den Müller vor einem voll gedeckten Tisch essen. Ihnen läuft das Wasser im Munde zusammen. „Wer nicht arbeitet, braucht auch nichts zu essen", so der Müller. Also fangen die Kinder an, die Mühle in Ordnung zu bringen, fegen die Räume, spülen ab, bringen Brennholz herein … Und so wird die von Pädagogen konstruierte Geschichte für die Kinder zur Realität und zu einem spannenden Abenteuer.

Für die Erlebnispädagogik ist der Konstruktivismus in erster Linie ein Hebel zur Kritik an übergenauen Zielkatalogen, an übertriebenem Seminar- und Trainingsdesign, an einer Bildungstechnokratie, die den Menschen als triviale Maschine betrachtet und seine Formbarkeit durch pädagogische Interventionen überschätzt. Der Konstruktivismus verweist auf die Begrenzungen pädagogischen Handelns. Diese Theorie kann Pädagogik und Erlebnispädagogik befruchten. Bernd Heckmair (2008) hat mit seinen „20 erlebnisorientierten Projekten" eine fruchtbare Verbindung zwischen Konstruktivismus und Erlebnispädagogik vorgelegt – ohne Zweifel eine Bereicherung für die Praxis des Lernens in Schule, Jugendarbeit, Training und Seminar.

Merksatz

Pädagogische Ziele sind nach Ansicht von Konstruktivisten nur Arbeitshypothesen des Pädagogen, und pädagogische Prozesse sind nur begrenzt steuerbar. Für Interventionen gilt deshalb unter anderem: Weniger ist mehr. Wenn sich Pädagogen in ihren Handlungsmöglichkeiten weitgehend zurückhalten, dann stehen nicht ihre Themen, sondern die Themen der Teilnehmer im Mittelpunkt.

Hirnforschung oder die Schule des Lebens

Die Gehirnforschung hat viel Bewegung in die Diskussion um effizientes Lernen gebracht, zunächst durch den Bestseller von Manfred Spitzer (2002). Allerdings sind seine Erkenntnisse nicht neu, lediglich die Art der Beweisführung und die naturwissenschaftliche Absicherung überzeugt die Öffentlichkeit. Comenius (1592–1670) hat in seiner Didacta Magna aus dem Jahr 1654 schon vieles vorweggenommen:

„Alles soll, wo immer möglich, den Sinnen vorgeführt werden, was sichtbar dem Gesicht, was hörbar dem Gehör, was riechbar dem Geruch, was schmeckbar dem Geschmack, was fühlbar dem Tastsinn, und wenn etwas durch verschiedene Sinne aufgenommen werden kann, soll es den verschiedenen Sinnen zugleich vorgesetzt werden".

Nun wird es bestätigt. So wie es den radikalen Konstruktivismus gibt, der jeden Menschen als geschlossenes System betrachtet, lässt sich auch in der Gehirnforschung eine radikale Richtung feststellen, die den Spielraum des Lernens äußerst begrenzt sieht. Bei den sogenannten „Big Five" (Fehr 2006) handelt es sich um ein Modell der Persönlichkeitspsychologie, das fünf Hauptdimensionen der Persönlichkeit postuliert, die auch im Zusammenhang mit dem Lernen wichtig sind.

1. Extraversion (Geselligkeit, Optimismus),
2. Neurotizismus (Labilität, Ängstlichkeit, Traurigkeit),
3. Offenheit (Neigung zu neuen Erfahrungen),
4. Altruismus (Hilfsbereitschaft, Nachgiebigkeit),
5. Gewissenhaftigkeit (Disziplin, Sorgfalt, Leistung).

Vier dieser Variablen stagnieren nach dem 30. Lebensjahr oder entwickeln sich nur langsam weiter. Der einzige Faktor mit deutlich anderer Tendenz ist die Offenheit, also die Bereitschaft zu neuen Erfahrungen. Gemeint sind damit auch die Risikobereitschaft, die kontrollierte neue Erfahrung, das Wagnis (119). Gerhard Roth und Hans Joachim Rudnick (2008) entwickelten ein Persönlichkeitsmodell, ähnlich der Maslowschen Pyramide, das die geringen Möglichkeiten des Lernens betont. So wie Freud feststellte, dass 90 % unseres Verhaltens durch das Unbewusste bestimmt werden, so behaupten manche Gehirnforscher, dass nur 20–30 % unseres Verhaltensrepertoires erlernt sind. Unser Verhalten ist weitgehend durch Vererbung und frühe Prägung fest verankert.

Nur in unseren sozialen Beziehungen und in der sprachlichen Kommunikation gibt es Freiräume des Lernens.

Spitzer betont vor allem die Bedeutung der Emotionen beim Lernen: „Aus Erlebnissen der Seele werden Spuren im Gehirn" (2002, 3). Dabei lernen wir in und durch Geschichten, also wenn Fakten in Erzählung eingebunden sind, am besten:

„Geschichten treiben uns um, nicht Fakten. Geschichten enthalten Fakten, aber diese Fakten verhalten sich zu den Geschichten wie das Skelett zum ganzen Menschen. Wer glaubt, beim Lernen gehe es darum, Fakten zu büffeln, der liegt völlig falsch …".

Die Hirnforschung hat noch nicht untersucht, wie sich Sachverhalte einprägen, die wir durch körperliche Erfahrungen gelernt haben. Allerdings unterscheidet auch Spitzer zwischen Wissen und Können und kommt damit der Fragestellung ziemlich nahe: „Fast alles, was wir gelernt haben, wissen wir nicht. Aber wir können es" (59). Lernen braucht den konkreten Anlass:

„Nur dadurch, dass ich Wasser anfasse, kann ich lernen, was es heißt, dass Wasser nass ist. …, und erhalte so einen Gesamteindruck, der in mir – zusammen mit vielen anderen solcher Erfahrungen – zu einer komplexen und differenzierten Repräsentation von Wasser führen wird" (225).

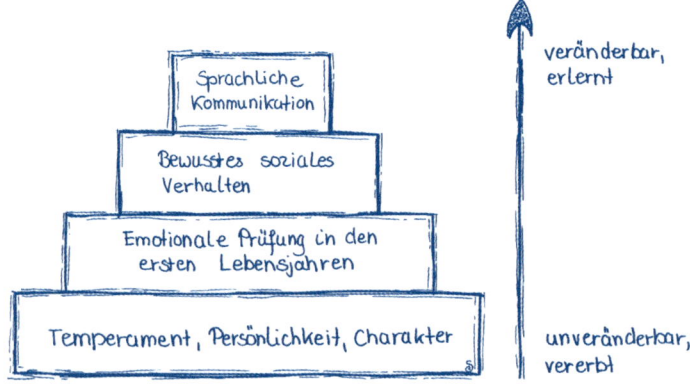

Abb. 10: Vererbt oder erlernt? Die Bedeutung des Lernens ist bei vererbten Eigenschaften geringer, der Lernanteil steigt mit dem Erwerb von Fähigkeiten

Nachdem das Gehirn automatisch nach Regeln sucht, nach den allgemeinen Gesetzen hinter den Phänomenen, indem es die Beispiele des Alltagslebens verarbeitet, können wir davon ausgehen, dass aus Erlebnissen Erkenntnisse werden. Und gelegentlich brauchen diese Erkenntnisse Zeit. So hat die Gehirnforschung nachgewiesen, dass Gelerntes im Schlaf weiter verarbeitet wird. Dies deckt sich mit der Bedeutung von schöpferischen Pausen, von Reflexionen, den ruhigen und meditativen Phasen in der Natur, die in der Erlebnispädagogik eine bedeutsame Rolle spielen. Auch fordern Natursport und kooperative Abenteuerspiele die ganze Aufmerksamkeit. „Je aufmerksamer ein Mensch ist, desto besser wird er bestimmte Inhalte behalten" (155). Kommen positive Erfahrungen dazu, wird der Lernerfolg noch wahrscheinlicher.

> **Merksatz**
>
> **Die Gehirnforschung bestätigt den Lernansatz der Erlebnispädagogik: Lernen wird effizient durch Herausforderungen und Erfolgserlebnisse, durch den Einsatz aller Sinne, durch eigenes Tun und prägende Erlebnisse.**

5

Von der Praxis zur Forschung: Wie wirkt Erlebnispädagogik?

Gegen Ende des 20. Jh. war die Erlebnispädagogik grundlegender Kritik ausgesetzt. Auf einen Punkt haben sich fast alle Kritiker eingeschossen: auf die Frage nach der Wirksamkeit. Daher befasst sich dieses Kapitel ausführlich mit Wirkungsanalysen und empirischen Forschungsergebnissen.

Ein Transfer des Gelernten auf den Alltag sei schlecht möglich, so Bühler (1986), weil die Erlebnispädagogik eine kurzzeitige pädagogische Intervention sei, in naturnaher Umgebung stattfinde und mit ihren alltagsfremden Aktivitäten zu weit von der Realität entfernt sei. „Jugendliche aus Großstädten (können) mit den Erlebnissen auf See oder auf der Alm vielfach wenig anfangen", stellen Schiedeck und Stahlmann (1994, 398) in ihrem Artikel „Tarzanpädagogik" oder Der „thrill" als pädagogische Maßeinheit" fest. Und Jürgen Oelkers (1992, 97) meint lapidar: „Erlebnisse lassen sich nicht domestizieren auf bestimmte schulische oder überhaupt pädagogische Ziele hin".

Natürlich ist der empirische Beweis für eine solche „Domestikation" nicht unmöglich, letztlich aber schwierig. Dafür steht die Geschichte eines Pädagogen, der mit straffälligen Jugendlichen etwa sechs Wochen auf einem Segelschiff verbracht hat. Am Ende des Segeltörns wurde er von einem Jugendlichen so zusammengeschlagen, dass er im Krankenhaus behandelt werden musste. Als sich der Pädagoge wieder erholt hatte und den Jugendlichen im Gefängnis besuchen wollte, sprach er zuerst mit dem Gefängnispsychologen. Dieser erklärte ihm, dass der Jugendliche nur von diesem Segeltörn spreche und betone, dass dies die wichtigste Zeit in seinem Leben gewesen sei.

Würde man vorschnell urteilen, käme man zum Schluss, dass das Segelprojekt erfolglos gewesen ist, weil der Jugendliche zu alten, aggressiven Mustern gegriffen hatte. Bei genauerer Betrachtung ist womöglich das Gegenteil der Fall: Wenngleich zunächst ein Lernerfolg nicht feststellbar war, bewirkten die Erlebnisse des Segeltörns im Jugendlichen offenbar ein Nachdenken. Der Törn hatte vieles in ihm bewegt und ausgelöst. Im reflektierenden Gespräch mit einem Psychologen oder Pädagogen kann der Jugendliche nun aus diesen Erlebnissen Erkenntnisse über sich selbst ziehen, neuen Lebensmut schöpfen. Der Beginn einer neuen Lebensphase ist möglich. Solche Lernprozesse werden durch die erlebnispädagogische Aktion ausgelöst und führen oft erst danach zu tief greifenden Veränderungen.

Letztlich kann man die pädagogische Praxis mit einem Spaghettiteller vergleichen: Bei jeder rohen Nudel sind Anfang und Ende gut sichtbar. Werden die Nudeln gekocht und mit einer köstlichen Pastasauce vermischt, dann hat man ein unentwirrbares Bündel von Anfängen (Ursachen) und Enden (Wirkungen) auf dem Teller. Die Anfänge und Enden zu suchen, sprich festzustellen, was wirkt – das gleicht der Suche nach einer Nadel im Heuhaufen. Dennoch sollten wir uns in der Pädagogik – nach einer flapsigen Bemerkung von Jürgen Oelkers keine Wissenschaft, sondern eine Hoffnung – nicht mit Annahmen zufrieden geben.

Stärker im Kreuzfeuer der Kritik stehend als andere Bereiche der Pädagogik, hat die Erlebnispädagogik mehrfach reagiert. Zum einen in der Praxis: Aus vielen Publikationen (z. B. Gilsdorf / Kistner 2003; Heckmair 2008; Reiners 2002) konnte man Ideen, Anregungen, Spiele und Übungen zu Reflexion, Transfer und Evaluation entnehmen. Zweitens in empirischen Studien zur Wirksamkeit erlebnispädagogischer Methoden: Waren sie um das Jahr 1995 noch spärlich gesät, wuchs und wächst inzwischen die Zahl der Forschungsprojekte an Fachhochschulen und Universitäten in beachtlichem Umfang. Drittens schließlich – und dazu dient das nächste Kapitel – wurden die Modelle des metaphorischen Lernens aus der amerikanischen Fachliteratur adaptiert und durch mehrere geisteswissenschaftliche Studien in Deutschland weiter entwickelt. Diese drei Aspekte von Wirkungen – Reflexionsmethoden und Transfer, empirische Studien sowie metaphorisches Lernen – werden im Folgenden behandelt.

Reflexionsmethoden und Transfersicherung

Annette Reiners (Augsburg 2002) sowie Rüdiger Gilsdorf und Günter Kistner (2003) haben in ihren Spielebüchern, die nach wie vor Bestseller sind, einige Reflexionsmethoden besprochen, die den Teilnehmern eines erlebnispädagogischen Angebots die Lerninhalte, Lernziele und den Erkenntnisgewinn bewusst machen sollen. Exemplarisch sollen im

Folgenden einige davon dargestellt werden, die unter guten Voraussetzungen auch mit schwierigen Jugendlichen funktionieren.

- **Die schnelle Auswertung bei wenig Zeit:** Auf einem DIN-A-4-Blatt wird auf die Vorderseite ein Pluszeichen, auf die Rückseite ein Minuszeichen gemalt. Jeder Teilnehmer hält auf dem Blatt vorne seine positiven und hinten seine negativen Eindrücke fest. Das geht auch mit roten (negativ) und grünen (positiv) Karteikarten oder mit einem auf ein Blatt gezeichneten Erntewagen und einem Müllauto auf der Rückseite. Noch besser passt zur Erlebnispädagogik ein ca. zehn Meter langes Seil, an einem Ende ein Plus- am anderen Ende ein Minuszeichen. Der Trainer stellt Fragen zur Aktion, und die Teilnehmer stellen sich wie auf einer Skala je nach ihrer Einschätzung näher zum Plus- oder zum Minuspol an das Seil. Oder: Ein Finger bedeutet, ich bewerte die Frage gänzlich ablehnend, zehn Finger zeigen volle Zustimmung an. Dazwischen kann man differenzieren. Alle schließen die Augen, der Trainer stellt eine Frage zur Auswertung. Jeder Teilnehmer entscheidet sich für eine Zahl zwischen eins und zehn, streckt die Finger in die Luft und erst, wenn alle sich entschieden haben, dürfen die Augen geöffnet werden. Danach können einzelne Teilnehmer zu ihrer Entscheidung befragt werden.
- **An der Lebenswelt der Jugendlichen anknüpfen:** Jeder bekommt eine Karte mit dem Bild eines schnellen Autos. Der Jugendliche bestimmt selbst, welches Autoteil er bei der erlebnispädagogischen Aktion war und begründet dies. So wird klar, wie jeder seinen Beitrag zur Lösung einer komplexen Problemlösungsaufgabe einschätzt.
- **An der Person der Jugendlichen anknüpfen:** Jeder schreibt auf ein Blatt Papier senkrecht seinen Vornamen. Die einzelnen Buchstaben bilden die Anfangsbuchstaben von Verben, Substantiven und Adjektiven, die die Jugendlichen assoziieren und mit denen sie die Aktion bzw. das Training bewerten. Nach meiner Erfahrung macht es den Teilnehmern Spaß, am eigenen Vornamen das Gelernte auszudrücken.
- **Wünsche formulieren (sehr anspruchsvoll, aber lohnend):** Jeder sucht sich drei Teilnehmer aus und darf dann jedem einen Wunsch (mündlich oder schriftlich) mit nach Hause geben. Diese Übung eignet sich als Abschluss eines Trainings und hilft, einige emotionale Ambivalenzen auszugleichen. Oft ist danach der informelle Austausch über Inhalte des Trainings mit bislang gemiedenen Teilnehmern möglich.

- **Der Fragebogen (nur scheinbar nüchtern):** Was mir am besten gefallen hat. Was ich wirklich gelernt habe. Was ich dem Erzieher / dem Trainer schon immer sagen wollte. Was mir gar nicht gefallen hat. Hier kann der Teilnehmer anonym bleiben und seine Meinung ohne Zensur – durch den Trainer und auch durch andere Teilnehmer – äußern.
- **Das Gruppengespräch (altbekannt und sehr ergiebig):** Es kann bei der letzten Pause, am Lagerfeuer, nach der letzten Brotzeit oder auch eine Woche nach der erlebnispädagogischen Aktion stattfinden. Fotos oder Filme, die das Erlebte festhalten, können dabei als Grundlage dienen. Solches Material zieht die Teilnehmer auch nach einigen Wochen noch magnetisch an. Und wenn es sogar gelungen ist, ein gemeinsames Gruppentagebuch zu verfassen, dann sind tiefe Gespräche über den Sinn oder Unsinn der Trekkingtour, des Segeltörns, der Kanufahrt oder der Höhlentour fast unvermeidlich.
- **Brief an mich selbst:** Drei Monate nach der Aktion oder dem Training wird der „Brief an mich selbst" abgeschickt, den die Teilnehmer am Ende der erlebnispädagogischen Aktion geschrieben und dem Trainer gegeben haben. Der Brief an mich selbst bietet die Möglichkeit, die Nachhaltigkeit eines Trainings zu verstärken. Nach drei Monaten wird der Teilnehmer an seine selbst formulierten Lernziele erinnert.
- **Künstlerische Kreationen:** Folgendes Highlight erlebt man selten, aber es kann animieren. Am Ende einer erlebnispädagogischen Woche hielt ein Jugendlicher seine Eindrücke in einem spontanen Rap-Gesang fest. Vielleicht sollte man hier kreativ weiterdenken – Auswertung durch Karaoke, Improvisationstheater, Sprüche und Zitate, Graffiti, Clips und Fotomontagen, Internetseite …

Dies sind nur einige Beispiele für die Fülle von Reflexionsmethoden in der Erlebnispädagogik. Auch eine Vielzahl von Beobachtungs- und Fragebögen zu Gruppenprozessen, Rollen, Kommunikation, individuelle Zufriedenheit etc. soll die Ergebnisse sichern (Senninger 2000). Natürlich wurden auch standardisierte Fragebögen entwickelt, die den objektiven Lernzuwachs zu messen versuchen. Kein anderes praktisches Feld, auch nicht die Erwachsenenbildung, hat eine solche Vielfalt von Methoden zur Reflexion kreiert wie die Erlebnispädagogik.

Insbesondere die Übung „Brief an mich selbst" verweist auch auf das Problem des Transfers. Denn selbst wenn die Teilnehmer nach eigener Einschätzung viel gelernt haben, ist dies noch kein Grund zu der Annahme, dass das Gelernte im privaten oder beruflichen Alltag umgesetzt wird. Wie also kann dieser Transfer wahrscheinlicher werden? Folgende Methoden zur Kontrolle sind hier von Bedeutung:

- **Lerntagebuch:** Es hat sich bewährt, dass Teilnehmer ihre Lernfortschritte selbst schriftlich festhalten. Dies kann in einem individuellen oder Gruppentagebuch geschehen. Auch können am Ende eines Trainings hier die erreichten Lernziele protokolliert und deren Umsetzung inklusive Zeitplan fixiert werden. Teilnehmer und Trainer – und eventuell ein Mentor aus den eigenen Reihen – können dies unterschreiben und somit dem Transfer die nötige Ernsthaftigkeit verleihen.
- **Fotos und Fotoprotokoll:** Gezielt ausgewählte Fotos können Schlüsselsituationen eines Trainings abbilden und dazu beitragen, Gelerntes besser zu verankern. Auch können heute per E-Mail Fotos in gewissen Abständen an die Teilnehmer geschickt werden. Damit wird die Phase nach einem Training genutzt, um Gelerntes reifen zu lassen.
- **Schriftliche Vereinbarungen:** Am Ende eines Trainings schließen Pädagoge und Teilnehmer eine Vereinbarung, z. B. über die einzelnen Schritte der Umsetzung. Welche Ziele sollen im nächsten halben Jahr erreicht werden? Wer macht was und bis wann? Welche finanziellen und personellen Ressourcen werden dazu benötigt? Wichtig ist dann zu einem späteren Zeitpunkt die Kontrolle, ob Vereinbarungen eingehalten wurden.
- **Mentoren und Paten:** Das sind Personen, die in bestimmten Zeitabschnitten nach der erlebnispädagogischen Aktion bei den Teilnehmern nachfragen, ob z. B. die am Ende des Trainings vereinbarten Aufgaben erledigt wurden, welche Hindernisse es dabei gab oder gibt oder ob die Ziele umformuliert werden müssen.
- **Folgetrainings:** Weitere erlebnispädagogische Aktionen und Trainings sind besonders dazu geeignet, einen Transfer zu gewährleisten, denn schließlich ist Wiederholung die Mutter des Lernens.

Allerdings wurde bald kritisiert, dass solche Reflexionsmethoden und Methoden zur Transfersicherung am Ende einer Aktivität zu kurz greifen. Es handele sich, so die Kritiker, um Erlebnisse, deren Wirkungen bald wieder in der Mühle des Alltags verpuffen. Insofern beginnt das erfolgreiche – also wirksame – erlebnispädagogische Seminar schon bei der Vorbereitung. Das heißt, Erwartungen der Teilnehmer abfragen,

Ziele der Aktion formulieren, ein Kursdesign, das dies alles berücksichtigt, erstellen, geeignete Pädagogen auswählen, passende Rahmenbedingungen suchen. Dies gewährleistet einen roten Faden, der für die Teilnehmer sicht- und spürbar ist. Das heißt, diese Qualitätselemente sollten sich während der Aktion zeigen, etwa durch

- begeisterte Trainer, die die Teilnehmer anstecken,
- eindrückliche Erlebnisse und Aha-Erlebnisse,
- Übungsphasen,
- Tagesauswertungen und tägliche Lernzielkontrolle (persönliche Lernziele und Lernziele der Gruppe),
- Praxisbezug und Anwendung sowie
- ein langfristiges Konzept mit vielen kleinen Aktivitäten, die sich über einen längeren Zeitraum, z. B. ein halbes Jahr, erstrecken.

Und am Ende des Trainings steht dann das Fazit, die Evaluation, die Reflexion, die Sorge für die Nachhaltigkeit.

Wirkungsimpulse – empirische Studien

In diesem Abschnitt können natürlich nicht alle empirischen Studien aus dem deutschsprachigen Raum vorgestellt werden, sondern lediglich eine repräsentative Auswahl. Denn bei der zunehmenden Zahl von Forschungsprojekten, Diplomarbeiten und Dissertationen wird die Datenlage allmählich unübersichtlich. Dies ist in den USA längst der Fall, wo nicht nur die mächtige Association of Experiential Education (AEE, www.aee.org) mit ihren über 1500 Mitgliedern zahlreiche Publikationen und Forschungsvorhaben unterstützt, sondern auch Outward Bound USA (*www.outwardbound.org*) und Project Adventure (*www. pa.org*) desgleichen tun. Zudem ist die Adventure Education im universitären System fest verankert. Richard L. Wagner von der Wisconsin University, Whitewater, ist einer der Pioniere der empirischen Forschung im Bereich der Erlebnispädagogik an amerikanischen Universitäten. Simon Priest, der sich aus dem universitären Leben zurückgezogen hat und 2001–2003 von James Neill vertreten wurde, und Michael Gass von der University of New Hampshire, Lee Gillis und Jude Hirsch von der Georgia College and State University, Jasper Hunt und Keath Russell von der Minnesota State University und Todd Miner von der Cornell University haben die Forschungslandschaft in den USA geprägt.

450 Universitäten und 84 Lehrstühle gehörten 2006 zum Netzwerk des Experiential Learning (Fischer 2006, 2).

Literatur

Einen vorzüglichen Überblick von großer Aktualität über die vielfältigen Aktivitäten an deutschen Hochschulen bietet das Buch Hochschule und Erlebnispädagogik *von* **Torsten Fischer** *(2006). Es war dringend notwendig, zeigt aber auch auf, wie marginal das Thema letztlich noch in Deutschland behandelt wird.*

Die beiden Fachzeitschriften im deutschsprachigen Raum – „e&l. erleben und lernen. Internationale Zeitschrift für handlungsorientiertes Lernen" und die „Zeitschrift für Erlebnispädagogik" – berichten über eine Fülle von kleinen empirischen Untersuchungen und bringen zudem immer wieder Zusammenfassungen der umfangreichen Studien. Vor allem Michael Rehm hat für „e&l." in regelmäßigen Abständen die aktuellen Forschungstätigkeiten aufgelistet.

Auch die wenig beachteten Publikationen des Hochschulforums Erlebnispädagogik und des Augsburger Professorenkreises von Helmut Altenberger, Hartmut F. Paffrath und Martin Scholz (Paffrath et al. 1999; Paffrath / Altenberger 2002) bieten beste Einblicke in die Forschungssituation Ende der 1990er Jahre. Einige ausgewählte empirische Studien sollen im Folgenden beschrieben werden.

Eine Reihe von Untersuchungen hat sich mit der drängenden Frage beschäftigt, wie und ob Erlebnispädagogik wirkt. Es begann mit der Wirkungsanalyse Outward Bound (WOB) von Michael Jagenlauf (1992). 2300 Teilnehmer füllten die schriftlichen Fragebögen zu Beginn, am Ende und mehrere Wochen nach einem Kurs in den Jahren 1987 / 88 aus; etwa 1200 ehemalige Teilnehmer aus früheren Kursjahrgängen (1965–1980) antworteten rückblickend auf den Fragebogen, 134 Teilnehmer wurden während der Kurse in den Jahren 1987 und 1988 beobachtet und 153 erklärten sich zu Interviews während dieser Kurse bereit (Jagenlauf 1992, 83). Ergänzt wurde dieses umfangreiche empirische Material durch Tagebücher von Teilnehmern, Interviewern und Beobachtern. Zudem wurden die pädagogischen Mitarbeiter von Outward Bound Deutschland interviewt und schriftlich befragt. Nachgewiesen werden konnte (Jagenlauf 2002, 85 f), dass die Kurse eine *intensive Gruppendynamik* auslösten. Zudem wurden eine deutliche *Steigerung der Selbstsicherheit* während der Kurse, *Zunahme der Sorgfalt* bei natursportlichen Aktionen, *Steigerung des Körperbewusstseins* und *Wachstum der sozialen Kompetenz* festgestellt. Entscheidend ist wohl, dass diese Wirkungen auch bei Teilnehmern festzustellen waren, die zum Teil vor 20 Jahren an den Kursen teilgenommen hatten. Viele Teilnehmer bestätigten, dass bei ihnen besondere Erlebnisse während des Kurses zu nachhaltigen Verhaltensänderungen geführt hätten. 80 % der Befragten bestätigten eine deutliche Zunahme bzw. Prägungen in den Bereichen *Ausdauer, Steigerungsbereitschaft, Hilfe anfragen* und *Situationen erkennen, in denen Hilfe benötigt wird.*

Diese erste empirische Untersuchung, immer noch eine der umfangreichsten Studien der Erlebnispädagogik, wurde einerseits von Hochschulen, Zuschussgebern und Erlebnispädagogen wohlwollend wahrgenommen. Andererseits gab es auch kritische Stimmen, die eine Vergleichsgruppe forderten und dem Autor der Studie eine zu große Nähe zu Outward Bound attestierten. Trotz dieser zum Teil berechtigten Einwände war die Wirkungsanalyse Outward Bound lange Zeit der einzige empirische Nachweis von positiven Wirkungen von erlebnispädagogischen Trainings im Bereich der Persönlichkeits- und Teambildung.

Günter Amesberger (1992) hat die Wirkung von Outdoor-Aktivitäten auf sozial Benachteiligte untersucht. Er konnte nachweisen, dass sich die *allgemeine Befindlichkeit*, das *Selbstwertgefühl*, die *Konfliktlösungskompetenz* stark verbessert haben und dass persönliche *Ziele* klarer erkannt und daher private und berufliche *Perspektiven* deutlicher formuliert werden konnten. Andererseits warnt der Autor vor Allgemeinplätzen und der Überschätzung von Outdoor-Aktivitäten (Amesberger 1992, 233). Die Erlebnispädagogik müsse in ein Netz von differenzierten Hilfeleistungen eingebettet sein, also im Verbund mit Sozial- und Heilpädagogen und Therapeuten arbeiten, weil die Erlebnispädagogik für sich gesehen nur eine Methode darstelle. Er zeigt auch auf, wie kompliziert der Weg vom Erlebnis zur Erfahrung ist. Nur qualifizierte und erfahrene Mitarbeiter, die unter ständiger Supervision stehen, können diesen Prozess ermöglichen. Amesberger (1992, 232 ff) definiert *Qualitätsmerkmale* für Hilfemaßnahmen, Ausbildung, Evaluation und Sicherheit, die in den weiteren Jahren ausdifferenziert, hier aber erstmals formuliert wurden.

Eine weitgehend unbeachtete, aber grundlegende Studie verfasste Gerhard Trommer (1992): „Wildnis – die pädagogische Herausforderung". Trommer beweist, dass die Wildnis in der deutschen Bildungsgeschichte ein Antibild für Erziehung und Bildung darstellt (Trommer 1992, 30 f).

In den USA dagegen ist Wildnis positiv besetzt, wird verbunden mit Freiheit, Gesundheit, natürlichem Leben und selbstverständlich mit Henry David Thoreau. Der Wilde Westen steht für Freiheit und Abenteuer, für einmalige Landschaften und für einen Traum vom persönlichen Glück. Während in Amerika seit Ralph Waldo Emerson und Henry David Thoreaus „Walden oder Leben in den Wäldern" das einfache Leben in der Wildnis zu den wichtigsten Faktoren der Erziehung zählt, setzte die traditionelle deutsche Pädagogik auf Kindergarten, Sportplätze und Wandertag. Besonders erhellend ist Trommers Vergleich eines deutschen Dorfteichs mit dem Thoreauschen Walden-See. Letztlich finden sich in Trommers Analyse stichhaltige Begründungen dafür, warum die Adventure Education in den USA auf so fruchtbaren Boden fiel – nicht nur Thoreau, sondern auch der Wilde Westen, die Ästhetik einmaliger Landschaften verbunden mit Freiheits- und Nationalbewusstsein, wirkten auf Teile der amerikanischen Pädagogik – und die Erlebnispädagogik in Deutschland lange Zeit diffamiert wurde.

Peter Sommerfeld setzte sich im Rahmen seiner Dissertation mit dem *Handlungssystem Schiff* auseinander. Mit Hilfe von Beobachtungen, Interviews und Fragebögen studierte er die pädagogische Beziehungsarbeit, hinsichtlich der Parameter *Macht* und *Kooperation*, auf zwei sozialtherapeutischen Segelschiffen, die in den 1990er Jahren zur Sozialen Arbeit mit schwierigen Jugendlichen herangezogen wurden. Die Ergebnisse haben die manchmal romantisch-verklärte Beschreibung von Segeltörns auf den Boden der Realität geholt. Die soziale Struktur auf dem Schiff beschreibt Sommerfeld (1993, 104 f) als derart *hierarchisch*, dass den Jugendlichen nur die Wahl zwischen „Anpassung oder Selbstverteidigung" bleibe. Zwischen den Erziehern und Jugendlichen sieht Sommerfeld eine *große Polarität* mit *geringem Austausch*. Die Erzieher verstehen sich als Helfer, die Jugendlichen nehmen sie als Unterdrücker wahr (176). Insofern steckt das gesamte Personal auf dem Schiff in einer „Beziehungsfalle" (196) und kann sich erst nach dem Ende des Törns daraus befreien.

Natürlich waren diese Ergebnisse ernüchternd und führten zum Ende der Euphorie, die solche Segeltörns ausgelöst hatten. Doch gibt es auch andere Dokumentationen, die sehr einfühlsam und sehr überzeugend Veränderungsprozesse im Zusammenhang mit Segeltörns beschreiben (Kreszmeier 1994). Die Untersuchung von Sommerfeld ist zudem keine Langzeitstudie sondern bezieht sich ausschließlich auf die Phase des Aufenthalts auf dem Schiff.

Ebenfalls auf einem *Segelschiff* ging Inken Plöhn (1998) dem Phänomen des *Flow-Erlebens* nach Cszikskentmihalyi (siehe Kapitel 4) bei einer Klassenreise nach. Viele Aktivitäten auf dem Schiff können ein Flow-Erleben auslösen, so z.B. eine Mastbesteigung (Plöhn 1998, 22 f). 20 Schüler der 9. Klasse eines Hamburger Gymnasiums wurden interviewt und mussten mehrmals während des Törns einen Fragebogen ausfüllen. 25 Tage nach dem Törn wurden sie noch einmal befragt. Etwa die Hälfte der Schüler hält sich nach dem Segeltörn für *erlebnisfähiger* (94), kann dem *Alltag mehr positive Seiten* abgewinnen und bestätigt ein *erhöhtes Selbstwertgefühl*. Plöhn führt dies vor allem auf jene Situationen auf dem Schiff zurück, in denen ein Flow-Erlebnis ermöglicht wurde. Fast alle Jugendlichen haben nach dem Törn *sportliche Aktivitäten* aufgenommen, die sie vorher nicht gepflegt hatten (104). Natürlich untersucht Plöhn eine zu kleine Stichprobe. Es fehlt auch die Vergleichsgruppe und zudem ist die Konzentration der Untersuchung auf die Mastbesteigung zu speziell. Dennoch hat Inken Plöhn an dieser kleinen Stichrobe methodisch überzeugend dargestellt, wie Flow-Erlebnisse auf die Persönlichkeit wirken können.

Literatur

Eine vollständige Deskription und Bewertung zur empirischen Forschung im deutschsprachigen Raum und ein internationaler Vergleich von empirischen Befunden zu OBT-Programmen (outdoor based training programs) sowie CAT-Programmen (corporate adventure programs) in der Erlebnispädagogik erfolgte dann von **Torsten Fischer** *(1999) im Rahmen seiner Habilitationsschrift „Erlebnispädagogik. Das Erlebnis in der Schule".*

Kein Feld der Hilfen zur Erziehung löst in der Öffentlichkeit, in der pädagogischen Praxis und in der Forschung solche Irritationen und Emotionen aus wie die *intensivpädagogischen Auslandsaufenthalte*. Klawe und Breuer (1998) legten vor zehn Jahren erstmals eine umfangreiche Studie zum Thema vor mit dem Titel „Erlebnispädagogik zwischen Alltag und Alaska". Neben einer Literaturrecherche wurden alle deutschen Jugendämter, beteiligte Jugendliche und Pädagogen befragt und ausgewählte Experten interviewt, die in sogenannte Auslandsaufenthalte involviert waren. „… 1992 befanden sich … 322 Jugendliche in 253 erlebnispädagogischen Maßnahmen (im Ausland, W. M.)", stellten Klawe und Bräuer fest (1998, 43). Präziser formuliert: Diese Jugendlichen befanden sich in Maßnahmen im Rahmen des § 35 „Intensive sozialpädagogische Einzelbetreuung" nach dem Sozialgesetzbuch VIII (SGB VIII). In den ersten

Jahren nach Einführung des Gesetzes wurde dieser Paragraph als Legitimation für Auslandsmaßnahmen interpretiert. Die umfangreiche Untersuchung führte ohne Zweifel zu einem Qualitätssprung in diesem Bereich der Hilfen zur Erziehung. Anzumerken ist aber, dass die erste Forderung der Autoren, den Begriff Erlebnispädagogik (Klawe / Bräuer 1998, 179) zu klären, von Klawe und Bräuer selbst nicht vollzogen wurde. Vielen *Folgerungen* und *Forderungen*, die sich aus den Ergebnissen der Studie ergeben, kann man jedoch folgen: Diese Intensivpädagogik ist kein Ersatz für geschlossene Unterbringung, sondern *erweitert das Spektrum der Methoden der Jugendhilfe.* Selbstverständlich muss ein Auslandsaufenthalt begründet werden und auch die Forderung nach der *Partizipation aller Beteiligten,* vor allem der Eltern und Jugendlichen, ist plausibel. Natürlich ist der neuralgische Zeitpunkt die *Rückkehr* aus dem Ausland. Mit dem *Transfer in den privaten und beruflichen Alltag* beginnt der eigentliche pädagogische Auftrag.

Diese erste empirische Studie – beschreibende Fachliteratur auf hohem Qualitätsniveau lag bereits zu diesem Zeitpunkt vor (Flückiger 1998) – hat die Praxis der intensiven Auslandsprojekte sicherlich bereichert.

Literatur

In ihrer Dissertation hat sich Petra Tautoreit mit qualitativ-empirischen Methoden dieser Problematik genähert. In dem Sammelband von **Witte und Sander** „Intensivpädagogische Auslandsprojekte in der Diskussion" (2006) *wurden die Ergebnisse von Tautoreit festgehalten; eine Reihe weiterer Experten kommt dort zu Wort, sodass in diesem Buch der aktuelle Forschungsstand nachzulesen ist.*

Ende 2008 wurde der sogenannte „Betreuungs-Report-Ausland" (BRA) veröffentlicht. In einer empirischen Studie wurden zwischen 2006 und 2008 81 Jugendliche untersucht, die sich in Maßnahmen der Kinder- und Jugendhilfe nach dem SGB VIII im Ausland befanden. Mit Hilfe von teilnehmenden Beobachtungen, Fragebögen und Interviews und im Durchschnitt 750 Testfragen wurden die habituelle Alltagspraxis der Jugendlichen im Ausland erfasst und Veränderungen durch intensivpädagogische Maßnahmen nachgewiesen (Fischer / Ziegenspeck 2008).

Ulrich Lakemann (2005) hat sich intensiv mit den Wirkungsimpulsen von *Erlebnispädagogik* und *Outdoor-Training* auseinandergesetzt. In vier Fallstudien werden erstens die Evaluation von Outdoor-Trainings,

zweitens die Identitäts- und Persönlichkeitsentwicklung Jugendlicher in
der Jugendarbeit, drittens die Wirkungen von Erlebnispädagogik in der
Offenen Jugendarbeit sowie viertens in der Heimerziehung bei der Ar-
beit mit Kindern und Jugendlichen mit seelischer Behinderung unter-
sucht. Immer wieder zeigt sich bei allen vier Studien, wie wichtig die
Vorerfahrungen von Teilnehmern und Teams sind. Erst wenn diese
berücksichtigt werden und in das Kursdesign einfließen, ist ein hoher
Lernerfolg wahrscheinlich (Lakemann 2005, 166 ff). Auch die vielen
Hemmnisse oder konzeptionellen Unstimmigkeiten – die alltägliche
Umwelt blockiert die Lernergebnisse, der Bezug zwischen Training und
Alltag war nicht stimmig, Gewöhnung an bekannte Methoden des Out-
door-Trainings – beim Transfer des Gelernten werden überzeugend
nachgewiesen. Dies verweist darauf, dass zukünftig das schwierige *Ver-
hältnis zwischen Training und Alltag* noch genauer durchdacht werden
muss. *Mehr Offenheit, mehr Zeit, mehr Kontinuität und differenziertere
Methoden der Transfersicherung* könnten die Effizienz deutlich erhöhen.
Im Rahmen der Offenen Jugendarbeit lassen sich erlebnispädagogische
Elemente über einen längeren Zeitraum in den Alltag von Freizeit- und
Erziehungsmaßnahmen integrieren. Wer z.B. vier Monate oder länger
erlebnispädagogisch arbeiten kann, wird bei den betreuten Jugendlichen deutliche Effekte erzielen. Ähnlich intensiv verlief das Projekt in
der Heimerziehung mit seelisch kranken Kindern und Jugendlichen.
Die pädagogische Beziehung ist in der Regel langfristig angelegt: Wird
es gelingen, eine tragfähige Beziehung zwischen Betreuer und Jugend-
lichem aufzubauen? Die Defizite in der Kommunikation und in der sozialen Kompetenz waren oft so groß, dass erlebnispädagogische Methoden zunächst gar nicht möglich waren, sondern *Einstiege über
freizeitpädagogische Aktionen* an Wochenenden gesucht wurden. Wie
schwierig, aber zugleich lohnend diese Einstiege in erlebnispädagogisches Arbeiten sind, erfahren wir durch diese Studie, aber auch durch
Berichte aus der Heimerziehung, die glaubwürdig, allerdings wissen-
schaftlich und methodisch weniger fundiert sind. Die vier Fallstudien
zeigen *Möglichkeiten und Grenzen von Erlebnispädagogik und Outdoor-
Training* auf.

In einem fulminanten Beitrag hat Mario Kölblinger (2004) „Die überschätzte Wirkung von Hochseilgärten im Management-Training" ange-
prangert und viele Versprechungen der Betreiber von luftigen Höhen
wieder auf den Boden der Tatsachen gebracht. Im Vergleich zu den USA,
so Kölblinger (2004, 258), „... melden sich inzwischen auch bei uns ver-

mehrt kritische Stimmen zu Wort, die die Wirkung von Hochseilgärten als Team-Entwicklungsinstrumente aus eigner Erfahrung deutlich relativieren bzw. diese als überschätzt einstufen". Seitdem waren die allgegenwärtigen *Hochseilgärten* mehrmals auf dem Prüfstand.

Wagner und Waldmann (2004, 10) relativieren ebenfalls das Potenzial von Teamentwicklung, das angeblich in Hochseilgärten steckt und empfehlen die „Kombination mit Interaktionsübungen", um den Wirkungsgrad von Übungselementen im Hochseilgärten zu steigern.

Auch Anja Stauch und Ralf Brand (2004, 15 f) stellen anhand empirischer Tests fest, „dass das angebotene Seilgarten-Training keine Auswirkungen auf die Leistungsmotivationswerte der Beteiligten hat". In der anschließenden Diskussion relativieren sie allerdings die Aussagekraft ihres Ergebnisses, da sie für ihre Untersuchung mit einer sehr kleinen Stichprobe arbeiteten.

In überzeugender Weise positive Wirkungen konnte Kilian Mehl (2006) in seiner Studie mit 247 psychosomatisch, neurologisch und psychiatrisch erkrankten Patienten aus der Klinik Wollmarshöhe nachweisen. Im Vergleich zur Kontrollgruppe, die nicht am Seilgartentraining teilnahm, zeigten die „Hochseilteilnehmer" „durchschnittlich doppelt so hohe Verbesserungswerte auf der Skala der Gesamtbeeinträchtigung, der Depressivität, der Angst, der Externalität … und der Selbstwirksamkeit" (Kehl 2006, 88).

Anfang der 1970er Jahre hat sich *Project Adventure* (PA) von Outward Bound abgespalten, um Lehrpläne für verschiedene Schularten und ein längerfristiges und wirkungsvolles Konzept zu entwickeln. PA wollte im Gegensatz zu Outward Bound weniger Kurzzeittrainings anbieten, sondern *kontinuierlich* mit Schülern *arbeiten*. Zahlreiche empirische Studien in den USA bestätigten die Wirksamkeit dieses Ansatzes. Neben der Verbindung von Projektidee (siehe Kapitel 2) und erlebnisorientiertem Lernen wurden durch Project Adventure die sogenannten Abenteuerwellen eingeführt; idealerweise sollte eine Schulklasse im Rahmen von Project Adventure sieben solcher Wellen, bestehend jeweils aus Aktion und Reflexion, durchlaufen.

Eine erste empirische Untersuchung im deutschsprachigen Bereich führte Barbara Schempp (2000) durch. Bei einer Vielzahl von Schülern wurde eine *positive Veränderung des Selbstkonzepts* nachgewiesen.
In der Studie von Böger und Schut (2006, 5) konnten ähnlich positive Effekte verzeichnet werden:

„Nach Beendigung der Project Adventure Intervention zeigten sich in allen Skalen des Frankfurter Selbstkonzeptfragebogens signifikante Unterschiede zwischen beiden Gruppen (eine Schulklasse nahm am PA-Programm teil, die Kontrollgruppe war eine andere Schulklasse, bei der im gleichen Zeitraum keine erlebnispädagogische Aktivitäten durchgeführt wurden, W. M.) in der Weise, dass die Project Adventure Stichprobe signifikant höhere Werte aufwies".

Janne Fengler (2007) geht in ihrer Dissertation vor allem der Frage nach, ob und wie sich bei erlebnispädagogischen Maßnahmen das Selbstkonzept von jungen Menschen erhöht. Dabei berücksichtigt sie verschiedene Variablen wie Geschlecht, Altersgruppe, Schulform, Programmdauer, Programmtyp. Es handelt sich um eine quantitative Längsschnittstudie mit insgesamt drei Messzeitpunkten (Prä-Post-Post) und um eine quasi-experimentelle Felduntersuchung. Insgesamt wurden fast tausend Schüler aus 35 Klassen befragt. Eine *hoch signifikante Erhöhung des Selbstwertgefühls* konnte nachgewiesen werden, in keinem Fall kam es zu einer Minderung des Selbstwertgefühls. Das Ergebnis dieser umfangreichen Studie lautet:
Erlebnispädagogische Maßnahmen bewirken positive Veränderungen bei ihren Adressaten, und zwar nach Alter, Geschlecht, Schulform, Programmtyp und Programmdauer in unterschiedlichem Umfang. Wer die Lernziele genauer definiert, die Zielgruppe analysiert und die Methodenauswahl genau überlegt, kann erlebnispädagogische Programme optimieren.

Insgesamt also zeigt diese Auswahl an empirischen Studien, dass die Datenlage zu Erlebnispädagogik und Outdoor-Training nicht so schlecht ist. Selbstverständlich wird weiterhin empirische Forschung notwendig sein. Hier tut sich ein breites Betätigungsfeld für Forschung und Entwicklung, für Hochschulen, Institute und Träger der Erlebnispädagogik auf. Renate Freericks und Dieter Brinkmann (2008) zeigen am Beispiel ihres Begleitforschungsprojektes „Aquilo", dass die wissenschaftliche Beschäftigung mit Erlebnispädagogik erst am Beginn eines für Praxis und Theorie notwendigen und gegenseitig befruchtenden Prozesses steht.

6

Metaphorisches Lernen: Königswege oder Sackgassen?

1983 veröffentlichte Stephen Bacon sein Epoche machendes Buch „The Conscious Use of Metaphor in Outward Bound", und die Diskussion über metaphorisches Lernen ist seitdem nicht mehr abgerissen. Nach einer langen Zeit der Bewunderung amerikanischer Modelle des metaphorischen Lernens hat Europa aufgeholt, ist selbstbewusst geworden und hat eigene Wege eingeschlagen. Mit den Theorien des metaphorischen Lernens dringen wir nun zum Kern der Erlebnispädagogik vor.

Die Geschichte des metaphorischen Lernens in Deutschland ist noch relativ jung. 1993 hat Niko Schad in der damals neuen Fachzeitschrift „e&l. erleben und lernen" drei Modelle zur Wirksamkeit erlebnispädagogischer Kurse vorgestellt, die weitgehend der amerikanischen Literatur entstammen. Zwei Jahre später hat derselbe Autor einen Beitrag von Michael A. Gass zum metaphorischen Lernen übersetzt (Schad 1995). Weitere Meilensteine waren die Übersetzung des Buches von Stephen Bacon „The Conscious Use Of Metaphor in Outward Bound" (1998) ins Deutsche durch Cornelia Schödlbauer, der internationale Kongress „erleben und lernen 1998" mit dem Titel „Metaphern – Schnellstraßen, Saumpfade und Sackgassen des Lernens" (Schödlbauer et al. 1999) und schließlich die Dissertation von Cornelia Schödlbauer (2000). 2007 fand dann die Sommeruniversität „Mächtige Metaphern" (www.sommeruniversitaet.eu) mit fast 100 Studierenden aus 13 deutschsprachigen Hochschulen statt.

Definition

Der Begriff *Metapher* bedeutet Übertragung. Beim metaphorischen Lernen sollen prägende Bilder, Symbole, Redewendungen, Gedanken, Phantasien, sprachliche Metaphern der Teilnehmer und Trainer, die vor oder während eines erlebnispädagogischen Trainings

Bedeutung erlangen, Lernprozesse gestalten und ermöglichen. Dadurch können Tiefenschichten des Individuums erreicht und so nachhaltige Veränderungen bewirkt werden.

Und hier gleich eine weitere Definition, die zum Verständnis des metaphorischen Lernens wichtig ist:

Definition

Gibt es eine Strukturähnlichkeit zwischen dem erlebnispädagogischen Setting und dem Alltagsleben, spricht man von einer *Isomorphie*. Isomorphien, also strukturelle Ähnlichkeiten zwischen Training und Alltag, können bewusst so gestaltet werden, dass Teilnehmern die Übertragung des Gelernten erleichtert wird.

Zunächst dominierten vor allem drei Modelle des metaphorischen Lernens die Diskussion im deutschsprachigen Raum: The Mountains Speak for Themselves (etwa 1985–1990), Outward Bound plus (etwa 1990–1995) und das metaphorische Modell nach Bacon (etwa 1995–2000).

The Mountains Speak for Themselves

„Die Berge sprechen für sich selbst" ist sozusagen das ursprünglichste Wirkungsmodell der Erlebnispädagogik. „Erleben statt reden" lautete die Devise (Fischer et al. 1985), die in der Erlebnispädagogik damals tonangebend war. Die Trainer arrangieren die herausfordernde Situation in der Natur und garantieren die Sicherheit; ansonsten geht man von einer automatischen Wirkung der Erlebnisse in der Natur aus (Stein 1984; Aufmuth 1996).

Auf eine systematische Auswertung von natursportlichen Aktionen wurde verzichtet, spontane Gespräche mit den Teilnehmern hatten Vorrang. Auf die Frage, worin der pädagogische Auftrag ihrer Unternehmungen bestehe, antworteten die Bergführer von Outward Bound Deutschland in den 1970er Jahren: „Im Gipfelgruß". So wurde das Händeschütteln am Berggipfel zur pädagogischen Handlung stilisiert. Die Reflexion der Bergbesteigung wurde dann dem Sozialpädagogen überlassen, der nicht immer mit dabei war, sondern manchmal auch im Seminarhaus auf die Gruppe wartete. Der bergbegeisterte Innsbrucker Bischof Stecher (1999, 71) ist überzeugt davon, dass „Tiefenerlebnisse sehr oft einen Raum des Schweigens brauchen"; an anderer Stelle schreibt er: „Wahrscheinlich ist das erzieherische Tun der Menschheit noch nie so wortreich gewesen wie heute. ... Große Erzieher können sehr stille Menschen sein" (1996, 13 f). Viktor Frankl, der Begründer der Logotherapie, forderte in einem Interview neben einer Tiefenpsychologie eine Höhenpsychologie. Er war überzeugt von der prägenden und nachhaltigen Wirkung tiefer Erlebnisse:

„So entscheiden aber auch im Leben über dessen Sinnhaftigkeit die Gipfelpunkte, und ein einziger Augenblick kann rückwirkend dem ganzen Leben Sinn geben. Fragen wir einen Menschen, der, auf einer Hochtour begriffen, das Alpenglühen erlebt und von der ganzen Herrlichkeit der Natur so ergriffen ist, dass es ihm einfach kalt über den Rücken läuft – fragen wir doch einmal ihn, ob nach solchem Erleben sein Leben noch jemals gänzlich sinnlos werden kann" (Frankl 1975, 61).

Viktor Frankl, der das Konzentrationslager überlebt hatte und der noch nach seinem 80. Geburtstag im vierten Schwierigkeitsgrad kletterte, weiß, wovon er spricht.

Untersuchungen beweisen die therapeutische und pädagogische Wirkung von natürlicher Umgebung. Krankenhauspatienten genesen besser, wenn der Ausblick des Zimmers ins Grüne geht. Wir tanken auf bei Wanderungen durch Wiesen und Wälder, schöpfen neue Energie bei Skitouren, beim Bergsteigen, Fahrradfahren. Wir wissen, dass Gehen,

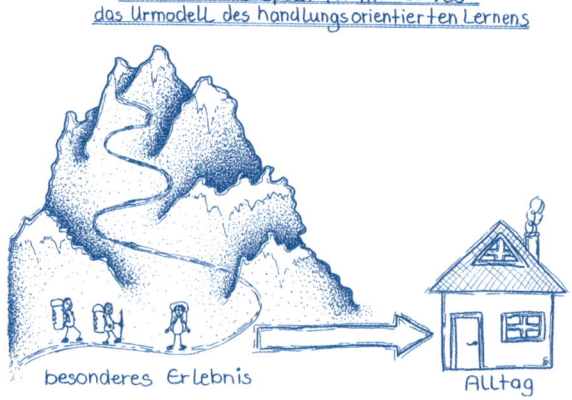

Abb. 11: The Mountains Speak for Themselves

der Spaziergang, die Bergwanderung, der Wanderausflug allen gut tut. All das ist Labsal für Körper, Seele und Geist. Weltbewegende Fragen sind beim Spazierengehen ebenso beantwortet worden, wie bedrängende persönliche Probleme gelöst. „The Mountains Speak for Themselves" meint denn auch, dass eine pädagogische oder therapeutische Wirkung automatisch eintritt bzw. solche Prozesse durch das Gehen, die Bewegung positiv beeinflusst werden.

> **Merksatz**
>
> **Das erlebnispädagogische Urmodell „The Mountains Speak for Themselves" verzichtet auf Reflexion und setzt auf die prägende Wirkung von Erlebnissen in der Natur.**

Natürlich wurde dieses Modell bald kritisiert. Niemand bemüht sich bei diesem Konzept um die pädagogische Wirkung, niemand will die Erlebnisse zu Ergebnissen verarbeiten, alles soll nur wirken, gleichsam automatisch, und niemand kümmert sich um die Messbarkeit des Lernerfolgs. Auch ist der Ansatz zu allgemein, baut auf dem Zufall auf, differenziert nicht oder kaum nach Zielgruppe und Lernzielen.

Aktion und Reflexion oder Outward Bound plus

Wie wird das Erlebnis zur Erfahrung? Durch Erinnerung und Reflexion, durch Erzählen und Diskussion ist die Antwort, die dieses Modell gibt. Nur wer das Erlebnis verarbeitet zu einer Erfahrung, die dann zur Erkenntnis reift, wird den Transfer des Gelernten in den beruflichen und/oder privaten Alltag schaffen (siehe dazu auch Kapitel 5). Die Sozialpädagoginnen und Trainer haben also nach der Aktion die Reflexion zu gestalten. Weil dies lange Zeit in den Kreisen von Outward Bound so geschehen ist, nannte man das Modell zunächst „Outward Bound plus". Neben der fachsportlichen Ausbildung sollte der Erlebnispädagoge also auch eine pädagogische Kompetenz erwerben. Und natürlich verlangt dieses Modell eine Vielzahl von Methoden aus dem kreativ-künstlerischen Bereich, aus der Erwachsenenbildung, aus der Gesprächsführung, aus der Maltherapie, aus Land Art. Die Arbeit wurde nun zielorientierter und damit effizienter. Auch lassen sich Methoden, Szenarien und Natursportarten so auswählen, dass bestimmte Lerninhalte mit höherer Wahrscheinlichkeit eintreten. Die Trainerin wird so immer mehr zur Beobachterin, die Gruppenprozesse, Grenzerfahrungen, individuelles Verhalten und Lösungsstrategien bei schwierigen Situationen festhält und in die Reflexion einbringt. Die Aufspaltung in den Sport-Experten (Bergführer, Kanute, Segler), der die Aktion durchführt, und den Sozialpädagogen, der Auswertung und Reflexion leitet, wird damit obsolet.

> **Beispiel** – Mit den Jugendlichen des Jugendbeschäftigungsprojekts Ökomobil soll auf einer Berghütte eine zweitägige Fortbildung durchgeführt werden. Bei dem zweistündigem Aufstieg im Regen und der Ankunft in der Hütte herrschte erst einmal Chaos, denn trotz unserer Hinweise hatten die Jugendlichen unpassende Kleidung und schlechtes Schuhwerk an, keine funktionale Ausrüstung und zu wenig zum Essen dabei. In einer Reflexionsrunde wurde das zum Thema gemacht und der Bezug zum Alltagsleben hergestellt. Was deutlich wurde, ist …
>
> - die Schwierigkeit, sowohl bei der Bergtour als auch sonst die Verantwortung für sich selbst zu übernehmen,
> - die Unfähigkeit, eine zweitägige Bergtour zu planen, und die Nachlässigkeit bei der Planung der privaten und beruflichen Zukunft sowie
> - die Neigung, sich zu oft auf andere zu verlassen, anstatt die Dinge selbst in die Hand zu nehmen.
>
> Nach der Bergbesteigung trifft sich die Gruppe zur Reflexion. Es werden gezielte Fragen gestellt, Kommentare eingefordert, Stimmungen und Gefühle beschrieben. Schließlich wird der Trainer das Gespräch auf den beruflichen oder privaten Alltag der Teilnehmer lenken, um den Transfer des Gelernten festzustellen und zu sichern.

Merksatz

Nach der Aktion soll eine Reflexion des Erlebten das Gelernte festhalten und schließlich den Transfer in den beruflichen und / oder privaten Alltag garantieren.

Natürlich gibt es auch bei diesem Modell Sackgassen des Lernens. Vielleicht betonen die Trainer Aspekte (siehe „Konstruktivismus" in Kapitel 4), die den Teilnehmern und der Gruppe gar nicht wichtig sind. Vielleicht zerreden sie die Aktion, die bei den Teilnehmern erst wirken muss. Je pädagogischer es wird, umso mehr wird geredet. Die Aktion

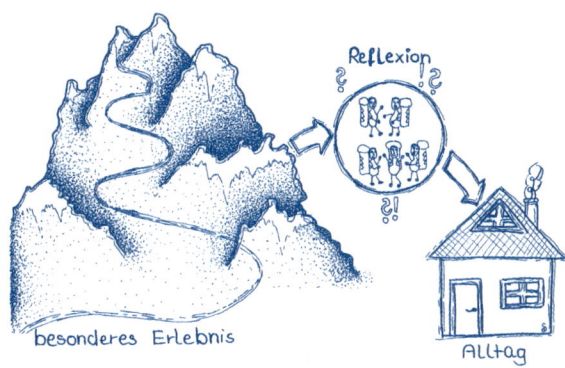

Abb. 12: Aktion und Reflexion

tritt dann in den Hintergrund und manche Jugendliche argwöhnen, dass nur geklettert wurde, um danach diskutieren zu müssen. Betrachtet man das Leistungsspektrum der erlebnispädagogischen Träger in Deutschland, so kann man behaupten, dass natursportliche Aktionen in der Tat abnehmen; Problemlösungsaufgaben und Lernprojekte, Hochseilgärten und City Bound – Erlebnispädagogik in der Stadt –, kreativ-künstlerische Aktivitäten und Selbsterfahrungsübungen rücken dagegen in den Mittelpunkt. Die Reflexion, so die Kritiker, könnte die Aktion entwerten. Und oft, auch nach dem Einsatz kreativer Reflexionsmethoden, braucht die Reflexion den präzisen sprachlichen Ausdruck, die Fähigkeit, Gefühle, Stimmungen, Eindrücke mit Worten zu benennen. Viele Jugendliche, mit denen die Soziale Arbeit zu tun hat, verfügen jedoch nicht über ein entsprechendes Sprachniveau und steigen bei zu differenzierten Reflexionsmethoden aus und schweigen.

Das metaphorische Grundmodell nach Bacon

Metaphern, in Outdoor-Trainings gezielt und bewusst eingesetzt, führen zu Veränderungen von Persönlichkeit und Team ohne Reflexion und Diskussion nach der Aktion, so das Credo von Stephen Bacon. Äußerlich scheint es wenig Unterschied zu dem Modell „The Mountains speak for Themselves" zu geben. Aber bei Bacon geht eine intensive Analyse voraus, der eine maßgenaue Inszenierung der erlebnispädagogischen

Aktion folgt. Lange Zeit blieb das metaphorische Grundmodell in Deutschland unbeachtet. Nur wenige Experten holten sich Impulse aus diesem Buch. Erst die 1998 erschienene Übersetzung durch Cornelia Schödlbauer machte Bacons Ansatz einem breiteren Leserkreis bekannt. Die Methode scheint einfach: „Es gibt drei grundlegende Prinzipien für erfolgreiche Metaphern – unter Mitwirkung der Archetypen arbeiten, isomorphe Metaphern bilden und Erfolgserlebnisse herbeiführen" (Bacon 1998, 11).

Wer in den Tiefenschichten der Persönlichkeit der Teilnehmer Änderungen hervorrufen will, muss Methoden anwenden, die dort wirken. Also muss das Unbewusste angesprochen werden, vor allem durch das kollektive Unbewusste – von C. G. Jung in die Tiefenpsychologie eingeführt – das sich in den Archetypen manifestiert, den Urbildern des Unbewussten in allen Menschen. Archetypen zeigen sich in Träumen, Mythen und Märchen und in der Natur, so z. B. der heilige Ort, der Wald, die Lichtung, die Quelle, die Mündung, der schmale Berggrat, der Berggipfel und in besonderen Figuren und Gruppen – der Held, die Mutter, die Familie, die Gemeinschaft, der alte Weise, der Einsiedler, der Führer. Archetypen ermöglichen, steuern, unterstützen einen nachhaltigen Lernprozess. Sie sprechen nach der Theorie von C. G. Jung alle Menschen in gleicher Weise an und lösen unbewusste Lernprozesse aus. Neben den tiefenpsychologischen Wurzeln, die den eingeleiteten Lernpro-

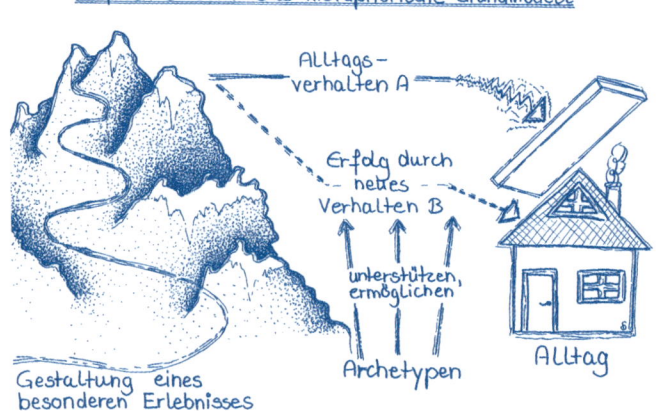

Abb. 13: Das metaphorische Grundmodell nach Bacon

zess in die richtige Richtung lenken sollen, greift Bacon auch auf die Verhaltenstherapie zurück: Das erwünschte neue Verhalten B, das durch das archetypische Setting unterstützt wird, soll zum Erfolg führen und sich somit einprägen. Zudem schafft der Trainer eine Isomorphie bzw. eine isomorphe Metapher, eine Strukturgleichheit zwischen Trainingssituation und Alltag. Das alte Verhalten A, oft Ursache der persönlichen oder beruflichen Misserfolge, darf nicht zum Erfolg führen und soll durch einen unbewussten Vergleich mit dem erfolgreichen Verhalten B ausgemerzt werden.

Was bedeutet das für das Führungskräftetraining draußen und für die erlebnispädagogische Aktion mit verhaltensauffälligen Jugendlichen? Nicht nur die erlebnispädagogische Aktion rückt wieder mehr in den Mittelpunkt, deren gesamte Inszenierung muss auch noch minutiös geplant werden. Das funktioniert nur, wenn man Teilnehmer und Ziele, Auftraggeber und pädagogische Einrichtung genau kennt und daraus ein Trainingsdesign entwickelt, in dem genau das defizitäre Verhalten, das es zu verbessern gilt, angesprochen wird (siehe dazu auch Kapitel 5).

Abbildung 13 will verdeutlichen, dass der Trainer eine besondere Situation konstruiert, die mit dem alten Verhaltensmuster A nicht erfolgreich gelöst werden kann. Nur das neue Verhalten B wird Erfolg haben. Das neue Verhalten B wird eingeübt, durch Archetypen verstärkt und in den Alltag übernommen.

> **Merksatz**
>
> **Stephen Bacon will durch isomorphe Metaphern unter Mitwirkung von Archetypen und durch Erfolgserlebnisse Lernerfolge erzielen. Dazu setzt er im Lernprozess die analytische Jungsche Therapie ein, durch die auf der Ebene des kollektiven Unbewussten in der Tiefenschicht Prozesse beeinflusst werden. Hinsichtlich der minutiösen Vorbereitung des Trainings, der Inszenierung des Umfeldes, des Erfolgs und des Lernziels ist Bacon aber amerikanischer Verhaltenspsychologe, der an die Plan- und Machbarkeit des Lernens glaubt.**

Beispiele für metaphorische Lernsituationen. Jugendliche eines therapeutischen Heims unternehmen mit einem Therapeuten und zwei Sozialpädagogen eine dreitägige Fußwanderung von der Mündung bis zur Quelle eines Flusses. Der Weg gegen die Strömung ist die Metapher für den Weg zurück zu den Ursprüngen – eine Zeitreise in die eigene Vergangenheit. Dabei geht es um einen oft schmerzvollen Rückblick in die Kindheit, um die Bewusstwerdung und Bearbeitung kindlicher Trau-

men, um Verdrängungen, aber auch um einen Neuanfang um Zukunfts-
gestaltung und Visionen. Nach Bacon werden solche Aktionen besonders wirksam weil sie in Archetypen eingebettet sind:

- Der *Fluss* als der Lebensfluss
- Die reine *Quelle*: Je näher ich zur Quelle komme umso sauberer und
  klarer wird das Wasser, umso mehr Durchblick habe ich auch bei mir.
- Die Quelle hoch in den *Bergen*, neben der man sitzt, ermöglicht auch
  einen Blick in die Ferne, der zu Visionen für die Zukunft inspiriert.

Fachkräfte der Fontaneklinik in Motzen bei Berlin halten sich mit den
alkoholkranken und medikamentenabhängigen Patienten oft in den
nahe gelegenen Sümpfen auf. Der Weg aus dem äußeren *Sumpf* gibt Impulse für Auswege aus dem inneren Sumpf.

Die Jahresklausur, der Kick-off, einer Firma findet hoch in den Bergen statt. Der Ausblick vom Archetypus *Berggipfel* bringt Übersicht und
Einsichten, verschafft Weitblick und Visionen.

Meine Studenten lernen bei unserer Lappland-Tour, sich in *unbe-
kanntem Gelände* zu orientieren, die Landkarte und den Kompass zu
lesen, den Weg zu finden. Wer nicht präzise und regelmäßig mit Karte
und Kompass den Weg prüft, wird sich verirren. Diese jungen Menschen
sind im Leben noch oft auf unsicheren Wegen und nehmen viel Orien-
tierungskompetenz aus Lappland mit nach Hause, die sie im Studium
brauchen können: Auch dort geht es darum, dass Fachwissen verstan-
den und angewendet wird, geht es um regelmäßige Lernkontrolle, um
Hilfe von Mitstudierenden.

Neben den Archetypen und isomorphen Metaphern der Natur gibt
es auch die Metaphern der Sprache, die in Handlung umgesetzt werden
können. Zudem verwendet Bacon Geschichten, Märchen und Mythen
als Verstärker.

Beispiele für sprachliche Metaphern. Walter Krug (1999, 212) assoziiert
zu dem Wort Seil viele Sprichwörter und Redewendungen, die er in Bezug zu Kindern und Jugendlichen in stationären Einrichtungen setzt:

„ sie haben den Draht verloren,
- sie haben keinen Boden unter den Füßen mehr,
- sie klammern sich verzweifelt an den letzten Strohhalm,
- sie können nicht loslassen,
- sie hängen hilflos in den Seilen,

- sie sind gefesselt,
- sie sind eingespannt in verschiedenste Erwartungen ..."

Auch daraus lassen sich Situationen konstruieren, die isomorph zum Alltag der Jugendlichen sind. Hilflos in den Seilen hängen könnte so umgesetzt werden: Ein Jugendlicher in der Mitte eines Kreises hat einen Klettergurt an, von dem mehrere Seile zu anderen Teilnehmern nach außen führen. Die Seile repräsentieren Personen, die am Jugendlichen ziehen: die Mutter, den Stiefvater, den Vater, das Jugendamt, den Erzieher, die Freunde, die Freundin ... Ziehen außen alle Personen gleichzeitig, so ist der Jugendliche in der Mitte des Kreises in einem Kräftevakuum: Er hängt hilflos in den Seilen. Es wird erst Lösungen aus dieser Verstrickung geben, wenn er Kontakt aufnimmt, verhandelt, fordert, bittet, Vergangenes aufarbeitet, Kompromisse eingeht. Die erlebnispädagogische Aktion könnte klärende Gespräche eröffnen mit engem Bezug zur realen Situation des Jugendlichen.

Bacons Ansatz wurde von deutschsprachigen Erlebnispädagogen euphorisch aufgenommen: Man sparte sich die ungeliebte Reflexion am Ende der Aktion. Erlebnispädagogik wirkte wieder – siehe „Die Berge sprechen für sich selbst!" – fast von alleine. Eine solide tiefenpsychologische Theorie wurde gleich mitgeliefert, der Flair der amerikanischern Verhaltenspsychologie versprach Wissenschaftlichkeit.

Allerdings ist die Verbindung zwischen der analytischen Psychologie von C. G. Jung, mit ihren Anteilen an irrationalen, manchmal esoterischen Aspekten, und der amerikanischen Verhaltenspsychologie mit ihrer Machbarkeitsideologie schon etwas kompliziert. Hier stehen planbare Prozesse, präzise Interventionen und gezielte Interpretationen, dort eine eher numinose Theorie des Unbewussten. Und dass man so gar nicht reflektieren müsse, erschien doch vielen Pädagogen und Trainerinnen etwas unglaubwürdig.

Michael Gass, Simon Priest: „Unterstützende Prozessbegleitung."

Simon Priest und Michael Gass haben in ihrem grundlegenden Werk „Effective Leadership in Adventure Programming" (1997) und vielen anderen Publikationen (siehe dazu z. B. Heckmair / Wagner 1995; Priest 1998; Priest / Gass 1999) den Ansatz des metaphorischen Lernens nach

Bacon verändert und vertieft. Die tiefenpsychologischen Bezüge zu C. G. Jung wurden gestrichen. Zudem werden die Ziele so genau wie möglich bestimmt, und die präzise Analyse der Ausgangssituation ist die Grundlage eines minutiösen Trainingsdesigns. Vom ersten Auftrag bis zum Follow-up wird nichts dem Zufall überlassen. Generell unterscheidet Priest zwischen vier Programmtypen (Heckmair / Wagner 1995, 4):

- Freizeit und Erholung („Change the way people feel"),
- Erziehung und Bildung („Change the way people think"),
- Training und Weiterbildung („Change the way people behave"),
- Selbsterfahrung und Therapie („Change the way people misbehave").

Haben sich Trainer und Auftraggeber auf eine dieser vier Zielkategorien geeinigt, dann stehen dem Trainer sechs grundlegende Methoden der unterstützenden Prozessbegleitung zur Verfügung, die nach dem Priestschen Evolutionsschema jeweils auch einem Jahrzehnt zugeordnet werden können (Heckmair / Wagner 1995, 5 f und Priest / Gass 1999, 219 ff):

- „Handlungslernen pur" entspricht dem Modell „The Mountains Speak for Themselves" (1940–1950).
- „Kommentiertes Handlungslernen" bedeutet, die Erlebnispädagogin berichtet nach der Aktion über ihre Beobachtungen und gibt Ratschläge zur Veränderung (1950–1960).
- „Outward Bound plus" (siehe oben) bedeutet Aktion und Reflexion (1960–1970).
- „Direktives Handlungslernen" bedeutet, die Trainerin lenkt die Entwicklungsrichtung vor der Aktion; sie führt gezielt ein, stellt leitende Fragen und benennt die Lernziele. Priest bezeichnet dies als „Frontloading" (1970–1980).
- „Metaphorisches Handlungslernen" setzt im Unterschied zum direktiven Handlungslernen auf die Analogie zur Lebenswirklichkeit. Dieser isomorphe Rahmen, unterstützt durch Archetypen, entspricht dem Modell von Bacon (1980–1990).
- „Indirekt-metaphorisches Handlungslernen" bedeutet, der Erlebnispädagoge verwendet gezielt paradoxe Interventionen oder andere Provokationen, um das gewünschte Verhalten auszulösen. Der Trainer könnte etwa so in die Übung einführen: „Ohne autoritäre Strukturen kamen die meisten Gruppen bei diesem Problem nicht weiter. Sie scheiterten meist an ihren Kommunikationsproblemen. Trotzdem kann man die Aufgabe auch anders lösen". Diese Methode wird

selten eingesetzt, denn sie würde sich bald abnutzen, und verlangt vom Trainer eine hohe Methodenkompetenz (1990–2000).

Simon Priest und Michael Gass haben ihr Modell des metaphorischen Lernens, genauer, ihr Modell der „unterstützenden Prozessbegleitung" (Priest / Gass 1999, 218 ff), inzwischen perfektioniert. Die natursportliche Situation wird zu einer maßgenauen Metapher, einer Abbildung des beruflichen bzw. persönlichen Alltags, die schon die neuen notwendigen Lösungswege impliziert. Die Ziele werden von den Trainern definiert.

Beispiel – Nach genauer Analyse des Auftrags und der Zielgruppe, z. B. zwei Abteilungen eines Jugendamtes, wird festgestellt, dass sich diese Abteilungen wenig austauschen und sich gegenseitig hemmen. Abteilung A, durch einige Neubesetzungen in starkem Umbruch, ärgert sich, dass Abteilung B ständig agiert und sich in ihre Angelegenheiten mischt. Daraus ließe sich folgende metaphorische Situation konstruieren: Zu einem dreistündigen Aufstieg auf eine Berghütte nehmen Abteilung A und Abteilung B unterschiedliche Wege. Beide werden von je einem Trainer begleitet. Abteilung B besitzt die Wanderkarte, einen Kompass, eine genaue Wegbeschreibung und Angaben über den Treffpunkt der beiden Abteilungen. Abteilung A weiß nur, dass bald Anweisungen und Informationen durch Abteilung B per Funk zu erwarten sind. Abteilung A darf nur fünfmal aktiv per Funk Kontakt aufnehmen, nicht öfter; B unterliegt hierin keiner Beschränkung. Allerdings ist die Wegbeschreibung so gestaltet, dass Abteilung B dabei scheitern muss, Abteilung A ans Ziel zu führen. Auf dem Weg von der Berghütte zum Gipfel werden die Rollen getauscht. Die Trainer sorgen jetzt aber dafür, dass Abteilung A Abteilung B erfolgreich zum Gipfel manövriert. Die Situation wird so konstruiert, dass die bisher dominante Abteilung scheitert, während die geschwächte Abteilung durch ein Erfolgserlebnis gestärkt wird.

Merksatz

Simon Priest und Michael Gass modifizieren und entwickeln das Modell des metaphorischen Lernens. Der Bezug zur Archetypenlehre von C. G. Jung wird eliminiert. Sie gestalten die Trainingssituation so, dass sie präzise die berufliche und / oder private Situation der Teilnehmer abbildet und ein neues Verhalten zur Lösung des Problems notwendig wird.

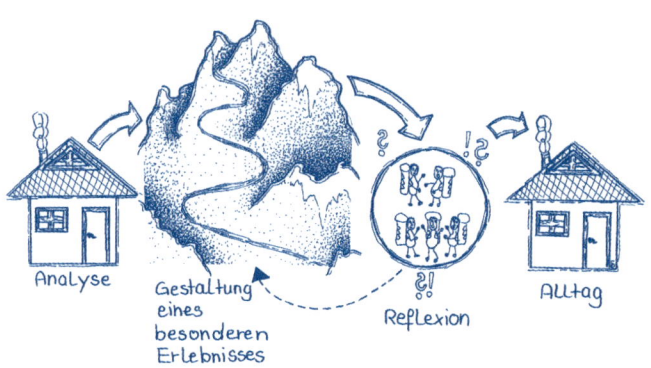

Abb. 14: Simon Priest, Michael Gass: Change the way, people think or behave.

Das Modell des metaphorischen Lernens von Priest und Gass schien der Königsweg der Erlebnispädagogik zu werden. Und doch hörte man unter den Beifallsstürmen auch kritische Stimmen. Priest lege nur Ostereier aus und die Teilnehmer freuen sich dann über ihren Zufallsfund. Alles wird vom Trainer konstruiert: Die Teilnehmer befinden sich während des Trainings in einem fast mechanisch ablaufenden Prozess, der sie zu den vom Trainer geplanten Lernzielen führt. Prozessbegleitung bei Priest und Gass bedeutet, der Prozess muss so gesteuert werden, dass er genau nach Plan abläuft und die ebenfalls von den Trainern geplanten Ziele eintreten. Aus dem zugegeben irrationalen Modell von Bacon wurden planbare, fast mechanische Lernprozesse, ausschließlich vom Trainer inszeniert. Wo bleiben dabei die Freiheitsgrade des Lernens für die Teilnehmer? Ist das wirklich unterstützende Prozessbegleitung?

Auf die Frage, ob Trainingserfolg planbar sei, oder ob nicht doch die ungeplanten Erlebnisse oft wirksamer seien, beschrieb Simon Priest folgende Szene: Eine junge Mutter klettert auf den Pamper's Pole (ein etwa zehn Meter hoher Baumstamm, auf den man gesichert hochklettert; oben angelangt, soll man auf der kleinen Fläche stehen). Kurz bevor sie die Spitze des Baumstamms erreichte, bat sie darum, wieder abgelassen zu werden. Ihr Kommentar: „Ich habe zwei kleine Kinder zu Hause und habe gemerkt, dass ich diesen Unsinn nicht brauche". Das war nun überhaupt nicht geplant, lieferte aber trotzdem eine grundlegende Erkenntnis.

Handelndes Reflektieren: Die Metaphern der Teilnehmer

In Nord- und Mitteleuropa hat die amerikanische Machbarkeitsphilosophie und die Fokussierung auf Ergebnisse und Trainer Widerspruch hervorgerufen. Die Vielfalt des Lernens, die Freiheitsgrade der Teilnehmer würden zu sehr eingeschränkt, die Sichtweise und die Lösungswege zu stark gesteuert und das gesamte Modell sei eindimensional, etwa im Sinne von Mark Twain (1835–1910): „Wer als Werkzeug nur einen Hammer hat, wird alles wie einen Nagel betrachten".

Wenn dagegen europäische Erlebnispädagogen über Metaphern reden, beginnen sie oftmals bei der Bibel und Homer, denken an Mythen und Märchen, zitieren Gedichte und Geschichten, entdecken den Wald und erfinden Rituale. Und wer die Zauberkiste der Metaphern und Symbole öffnet, mit ihren vielen Überraschungen, neuen Perspektiven und ungeplanten Vorfällen, hat Schwierigkeiten, sie wieder zu schließen. Die kreative Gestaltung des Lernprozesses wird wichtiger als das Ergebnis.

Johann Hovelynck (1999, 42) versteht „Erfahrungslernen als einen Prozeß, bei dem die Teilnehmenden ihre eigene Handlungstheorie erkennen und, wenn sie das wollen, neue und zusätzliche Handlungsoptionen, entwickeln können". Wirklich wichtig werden jetzt die Metaphern der Teilnehmer. Es liegt an den Trainern und Teilnehmern, diese Metaphern wahr und ernst zu nehmen, sie aufzugreifen, sie zu hinterfragen, mit ihnen zu arbeiten. Eine minutiöse Planung des Trainings ist nicht notwendig, denn der Kurs wird sich entwickeln und die Trainer werden aus ihrem profunden Methodenrepertoire die zum jeweiligen Zeitpunkt passende Aktion auswählen. So verzichtet z. B. Outward Bound Belgien gänzlich auf eine Kursplanung und verspricht den Kunden kein Trainingsdesign, sondern situativ, individuell und prozessorientiert zu reagieren und zu arbeiten.

Das Modell des handelnden Reflektierens von Johann Hovelynck packt Handeln, Nachdenken, Metaphern in eine Einheit. Dabei spielen die hoch geschätzten Isomorphien eine eher marginale Rolle. Vielmehr stehen die Metaphern der Teilnehmer für deren Denk- und Handlungsmuster, mit denen sie ihre Wirklichkeit gestalten. Neben Johan Hovelynck haben die Publikationen von Astrid Kreszmeier und Hans-Peter Hufenus (2000) sowie die Dissertationen von Cornelia Schödlbauer (2000) und Rüdiger Gilsdorf (2004) die erlebnispädagogische Diskussion um die Bedeutung der Metaphern der Teilnehmer bereichert.

Beispiel – Mit Studierenden der Hochschule Nürnberg war ich vier Tage auf dem berühmten Jakobs-Pilgerweg unterwegs. Dabei ging es zunächst darum, wie Studierende eine solche Pilgerwanderung mit Klienten der Sozialen Arbeit durchführen würden. Daneben sind wir auf viele Metaphern gestoßen, die diese Studierenden bewegt haben. Als wir uns verirrt hatten, meinte ein Student „typisch für mich, ich verirre mich meistens in meinem Leben". Ein anderer hatte sicherheitshalber zehn weitere Batterien für seine Taschenlampe dabei – Anlass genug, um mit ihm über Sicherheit, Vorsorge und Ängste zu diskutieren. Ein Student, der fast sehnsüchtig auf seine ersten Blasen an den Füßen wartete, um dann die Tour abbrechen zu können, verwies uns auf Strategien der Vermeidung. All diese Metaphern waren nicht nur Sprachbilder, sie waren jeweils auch Weltbilder und Selbstkonzepte. Und diese beschäftigten uns bald mindestens genauso wie unser eigentliches Wanderziel.

Abbildung 15 soll verdeutlichen, dass die Metaphern der Teilnehmer im Mittelpunkt der erlebnispädagogischen Aktion stehen. Die Fragen, Äußerungen, Kommentare der Teilnehmer während der Aktion werden sehr ernst genommen. Auch wenn die Ausgangssituation analysiert und ein Trainingsplan entwickelt wurde, kann ein Training viele Wendungen und Änderungen durch die Metaphern der Teilnehmer erfahren.

Abb. 15: Die Metaphern der Teilnehmer

Unterstützt werden kann das handelnde Reflektieren durch sprachliche Metaphern. Das „Book of Readings" der North Carolina Outward Bound School (1991) etwa bietet eine Zitatensammlung zu Schlüsselwörtern wie Werte, Ideale, Mut, Motivation aber auch zu Handlungsfeldern der Erlebnispädagogik wie soziale Dienste, Klettern, Expedition. Die Zitate werden z. T. während der Aktion eingesetzt und dienen der Reflexion, der Verstärkung und Vertiefung von Erlebnissen, dem Nachdenken und letztlich als Geschenk am Ende eines Trainings.

> **Merksatz**
>
> **Das Modell des handelnden Reflektierens betont die Bedeutung der persönlichen Metaphern der Teilnehmer; auf diesen Metaphern liegt der Fokus des Trainers. Sie sind vor allem als Denk- und Handlungsmuster zu verstehen. Neben den erlebnispädagogischen Aktionen bereichern Mythen und Märchen, Symbole, Rituale, Zitate, Geschichten und Gedichte das Methodenrepertoire.**

Zwar ist die Theorie des metaphorischen Lernens durchaus gut entwickelt, der Zugang dazu war jedoch für Praktiker lange Zeit erschwert, weil es sich dabei um umfangreiche und sprachlich anspruchsvolle Dissertationen handelte. Viele legten nach kurzer Lektüre die Bücher wieder weg, in der Meinung, die Arbeit mit Metaphern sei zu kompliziert, erfordere eine therapeutische Ausbildung und eigne sich vor allem für die Arbeit mit schwierigen Menschen. Die Lücke zwischen Theorie und Praxis wird nur allmählich geschlossen. Die Sommeruniversität 2007 „Mächtige Metaphern" (vgl. dazu Heft 2 / 2008 von e&l. und *www.sommeruniversitaet.eu*) stellt einen entsprechenden Versuch dar. Christine Krieg (2008, 8 f) hat dabei einen gangbaren Praxisweg beschritten, der im Folgenden an zwei Beispielen beschrieben wird, am *Leitersprung* und an der *Heldenreise*.

Der Leitersprung: Eine Leiter von ca. 7 m Höhe wird mit vier Seilen in der Senkrechten gehalten; sie sind am oberen Ende der Leiter befestigt, führen in die vier Himmelsrichtungen und werden weit von der Leiter entfernt von 3–6 Teilnehmern gehalten; die vier Gruppen müssen mit gleichen Kräften an den Seilen ziehen, sodass die Leiter, zwar etwas wackelig, aber vertikal steht. Ein Teilnehmer erklimmt, an einem Seil gesichert, die Leiter. Ist der Teilnehmer oben angelangt, springt er in die Top-Rope-Sicherung, die oberhalb der Leiter angebracht ist, und wird dann von den Sichernden langsam abgelassen. Der pädagogische Schwerpunkt dieser Übung liegt einerseits im Halten der Leiter, denn der Zug muss gleichmäßig verteilt sein. Zieht eine Gruppe zu stark, steht die Leiter schief und die Gruppe an der gegenüberliegenden Seite muss gegensteuern. Andererseits geht es natürlich um Gleichgewicht und um den Mut, an der wackeligen Leiter hochzuklettern und dann, oben angelangt, zu springen und sich auf die Sichernden zu verlassen.

> **Beispiel** – „In einer aufgeweckten Klasse gibt es viel zu lachen. Es werden permanent Witze gerissen. Dabei versucht sich jeder in Szene zu setzen. Man lässt sich nicht mehr aussprechen. Der Lehrer klagt darüber, dass er ständig zur Ruhe mahnen muss. Die vier Gruppen, die an den Seilen stehen, bekommen von den Kursleitern Namen: Konzentration, Lustig, Ruhe, Laut. Im Anschluss der Übung wird ausgewertet. … Danach werden die Schüler gefragt, weshalb sie glauben, diese Namen bekommen zu haben – mit dem Ziel, eine Diskussion über die Unterrichtssituation zu führen" (Krieg 2008, 8).

Mit der *Heldenreise* versucht sich Christine Krieg (2008, 12) am metaphorischen Modell von Stephen Bacon, wie das nächste Beispiel zeigt.

> **Beispiel** – „Die Schüler einer 6. Klasse zeigen wenig Anteilnahme an dem Klassengeschehen. Für freiwillige Projekte und Ämter herrscht wenig Interesse. Im Gegenteil, solches Engagement wird als belastend angesehen. Die erlebnispädagogische Klassenfahrt wird in der Eröffnung des Kurses als `Heldenreise´ vorgestellt und nach dem Archetyp des Helden gestaltet werden. Jeder Schüler wird ein Held in dieser Woche sein und sie werden spannende Aufgaben erwarten, die sie zu bestehen haben. Die Herausforderungen erfordern sowohl einzelne Helden als auch eine Heldengruppe, die nach dem Bestseller „Herr der Ringe" als Gefährten bezeichnet werden. Dieses Motto fließt in den gesamten Kurs ein. Es werden zu Beginn die Regeln der Helden erarbeitet. Auch definieren die Schüler selbst, wie sich ihrer Meinung nach Helden verhalten sollten. Die Helden werden nach jeder bestandenen Aufgabe feierlich geehrt. Zum Abschluss bekommen sie eine Urkunde ihrer Heldenreise, die sie offiziell als Held betitelt. Der Transfer findet ebenso unter diesem Motto statt. Die Schüler erarbeiten, wie sie auch zukünftig ein Held in ihrem Alltag sein können".

Dies sind nur zwei Beispiele dafür, wie kreativ metaphorisches Lernen, bei dem die Metaphern der Teilnehmer im Mittelpunkt stehen, umgesetzt werden kann.

7

Erlebnispädagogische Aktivitäten: Was und wie?

Derzeit lassen sich in einer groben Typologisierung vier Aktionsfelder der Erlebnispädagogik unterscheiden: Natursport und Wildnispädagogik, Problemlösungsaufgaben und kooperative Abenteuerprojekte, künstliche Anlagen wie Hochseilgärten sowie Übungen zu Vertiefung, Selbsterfahrung und Therapie.

Bernd Heckmair und ich (2008, 191 ff) bieten in unserer Schrift „Erleben und Lernen. Einführung in die Erlebnispädagogik" einen Vergleich erlebnispädagogischer Aktivitäten als Übersicht an. Die Bücher von Kraus und Schwiersch (2005) sowie von Dewald, Umbach und Mayr (2005) stellen Grundlagenwerke für die alpine Erlebnispädagogik dar. Birzele und Hoffmann (2003) beschreiben ausführlich und in allen Aspekten „erlebnispädagogisches Handeln im und am Wasser" und Bedacht (2004) legte ein „Handbuch für Höhlenbefahrungen" vor. Somit ist der natursportliche Bereich der Erlebnispädagogik fachliterarisch bestens abgedeckt.

Etwas vernachlässigt wurde das Wandern, das allmählich an Bedeutung gewinnt und je nach Zuschnitt zur Natursportart, z.B. beim Langstreckenwandern, oder zur Wildnispädagogik, z.B. beim Lappland-Trekking, wird. Im Folgenden gehe ich etwas näher auf diese Variante von Natursportart bzw. Wildnispädagogik ein.

Natursportart und Wildnispädagogik am Beispiel des Wanderns

Die Bestseller von Hape Kerkeling (2007), Manuel Andrack (2005) und Wolfgang Büscher (2003 und 2005) wie auch eine Reihe von Projekten aus der Pädagogik zeugen von einem neuen Wander-Boom.

Es gibt aber Vorläufer: 1991 wanderte z.B. eine Gruppe von evangelischen Heimerziehern mit ihren Kindern und Jugendlichen auf den Spuren der „Schwabenkinder" – der Kinder armer Südtiroler Bauern, die im 19. Jh. jedes Frühjahr zum Brotverdienst nach Schwaben zogen. Und das Christophorus Jugendwerk Oberrimsingen und das Kinderzentrum Augsburg waren seit 1995 immer wieder auf dem Jakobspilgerweg nach Santiago de Compostela unterwegs. Das Ziel bei solchen mehrtägigen Wanderungen – besonders dann, wenn sie mit extrem schwierigen Jugendlichen durchgeführt werden –, ist, eine exklusive Beziehung zwischen Pädagogen und Jugendlichen zu schaffen.

Die zweitägige Tour dagegen ist ein zentrales pädagogisches Angebot für die Schulklassen, die „Erlebnistage" im Rahmen der erlebnispädagogischen Schulwoche besuchen (www.erlebnistage.de). Im Vergleich zu anderen Angeboten wie Klettern, Höhlenbefahrung, Kanufahren, Seilbrückenbau und Problemlösungsaufgaben erweist sich die Tour als einer der beliebtesten (jedenfalls in der Bewertung danach!), komplexesten und nachhaltigsten Programmbausteine der „Erlebnistage". Die Lernziele reichen von der Planung (ausreichend Nahrung und Getränke, passende Kleidung, Kartenlesen …) über die Durchführung (mit den Kräften haushalten, durchhalten, Blasen an den Füßen vermeiden bzw. verarzten …) und die Übernachtung (passenden Übernachtungsplatz finden, Zeltaufbau, Kochen, gegen Kälte und Regen schützen …) bis zur Reflexion (Konflikte als Lernchancen genutzt, gemeinsam Hindernisse gemeistert zu haben, …).

Die mehrtägige Wanderung bzw. Tour oder Expedition in einsamen Mittelgebirgen wartet noch auf ihre Entdeckung durch die Erlebnispädagogik. Die oben erwähnten Pilgerwanderungen sind ebenso wie die Tour bei „Erlebnistage" die Ausnahme im Angebotsspektrum. Wandern klingt nicht so spektakulär wie Klettern, Seilgarten oder Rafting, bietet aber mit wenig materiellem Aufwand einen hohen pädagogischen Ertrag.

Alles Lernen ist Probleme lösen

Problemlösungsaufgaben, Initiativübungen oder kooperative Abenteuerspiele – alles Synonyme für die gleiche Aktivität – sind inzwischen weit über den Dunstkreis der Erlebnispädagogik bekannt und werden im (Outdoor-)Training mit Fach- und Führungskräften, in der Erwachsenenbildung, in der Teamentwicklung, an der Hochschule, im Sportunterricht als Spiel und als Lernprojekt eingesetzt. Zahlreiche Bücher verleiten dazu, diese Übungen wie Kochrezepte anzuwenden: Man schlägt auf und kann mit wenigen Materialien schnell eine spannende

Interaktion anbieten. Wie komplex diese Übungen jedoch sein können, hat Bernd Heckmair (2008) in überzeugender Weise dargestellt. Eine komplexe Aufgabe mit wenig Material ist z. B. der Bau einer Minibobbahn. Ich habe die Übung mit Jugendlichen, Studierenden, Fach- und Führungskräften sowie Professoren durchgeführt. Der Materialaufwand ist gering, der Spaß groß, und die Lernmöglichkeiten sind grandios. Man kann eine Menge lernen über Kommunikation, Konflikte, Entscheidungsfindung und Kooperation. Man braucht dazu Schnee, – es gibt natürlich eine etwas materialaufwändigere Sommervariante – einen steilen Hang von 10–20 m Länge und pro Kleingruppe eine glatte Plastikflasche als Bob. Die Gruppengröße kann zwischen sechs und 30 Personen liegen. So könnte ein Trainer die Übung vorstellen: „Hier oben am Hang sind drei (zwei, vier …) Startplätze auf gleicher Höhe. Unten (ca. 10–20 m entfernt) sehen Sie ein Ziel. Bauen Sie drei Bobbahnen vom Start zum Ziel für diese drei Plastikflaschen. Die Flaschen werden dann, wenn die Bobbahn gebaut ist, gleichzeitig, verteilt an den drei Startpunkten, ins Rennen geschickt. Sie sollen aber, von links nach rechts gesehen nacheinander mit einem deutlichen zeitlichen Abstand eintreffen. Dabei soll die linke Bahn eine Sprungschanze enthalten, mittels derer die Plastikflasche mindestens einen Meter weit geschleudert wird. Bei der mittleren Bahn soll ein Tunnel von einem Meter Länge gebaut werden. Die Plastikflasche in der rechten Bahn soll sich einmal um 360 Grad in der Horizontalen drehen. Sie haben eine Stunde Zeit, um meinen Auftrag zu erledigen". Als Trainer gibt es dann einiges zu sehen: Eine Gruppe, die schon mit ihrer Bobbahn fertig ist, faulenzt („Wir sind jetzt fertig!") oder die anderen antreibt, anstatt zu helfen, oder die Stimmung durch besserwisserische Ratschläge verdirbt. Es gibt die Macher, die Denker, die Planer, die Strategen, die Netzwerker, die Dilettanten, die „Opponenten", die alles besser wissen und sich als eigentliche Leiter der Gruppe fühlen. Einige schleppen Wasser herbei, um die Bahn eisig zu machen, andere treten aus Versehen und Übereifer in die Bobbahn des Nachbarteams …

Hochseilgarten – Höhenpsychologie und Tiefenpädagogik

Etwa 500 Hochseilgärten gibt es derzeit in Deutschland, etwa ein Drittel ist Mitglied bei der European Ropes Course Association (www.erca.cc), die sich um die Sicherheit und die pädagogische Nutzung kümmert. Der Trend, der in Frankreich mit seinen etwa 1000 Hochseilgärten begann, scheint sich auch in Deutschland fortzusetzen: Aus pädagogischen Einrichtungen für Schulklassen, Jugendzentren, Betriebe etc. werden zunehmend Adventure Parks für das Freizeitvergnügen.

Hochseilgärten sind Konstruktionen aus Seilen, Drahtseilen, Stämmen und Holzbohlen an Masten und / oder Bäumen. Die Übungen finden in 8–20 m Höhe statt. Jedes Übungselement kann nur mit einer gewissen körperlichen Leistungsfähigkeit und mit Schlüsselkompetenzen wie Kommunikation, Selbstvertrauen, Entscheidungsfähigkeit, Überwindung von Ängsten etc. gemeistert werden. Was kann man in Seilanlagen lernen? Zwei Beispiele sollen das aufzeigen.

Beispiel 1 – Ein Schüler, nennen wir ihn Oliver, ist in 10 m Höhe und arbeitet sich auf dem wackeligen Balancierbalken (Catwalk) entlang. Normalerweise hat Oliver die Alpha-Rolle in der Klasse inne, schafft an, kontrolliert, bestraft. Er traut niemandem, nur sich selbst. Nun wird er unten von zwei Mitschülern gesichert, der Trainer steht daneben, beobachtet alle drei Teilnehmer. „Habt ihr mich?", ruft Oliver hinunter. „OK. Kein Problem", ist von unten zu hören. „Habt ihr mich wirklich?" „Natürlich, jetzt mach schon!" Nach langem Zögern und weiteren Nachfragen überquert er schließlich oben den Balancierbalken. Wieder am Boden unterhalten sich die drei Schüler. „Wahnsinn", sagt Oliver, „was das eigentlich bedeutet, wenn man sich auf zwei Menschen absolut verlassen muss. Bis jetzt habe ich das noch nie getan". „Was kann man in der Schule und im Beruf nicht alles leisten, welche Grenzen kann man überschreiten, wenn man sich wenigstens auf zwei Menschen absolut verlassen kann?", meint der Trainer.

Verantwortung übernehmen und *sich auf jemanden verlassen können* sind zwei grundlegende Erfahrungen, die ein Seilgarten vermitteln kann. Und davon kann nicht nur Ermutigung ausgehen, das Gelernte kann auch auf den Alltag übertragen werden, wenn erfahrene Trainer und Lehrer den Mut zur Reflexion aufbringen.

Beispiel 2 – Zwei Schülerinnen, nennen wir sie Tanja und Monika, die eine tiefe Feindschaft und Abneigung gegeneinander hegen, stehen in 8 m Höhe auf dem „Teambalken": zwei Balken gehen v-förmig auseinander. Die beiden Mädchen sind gesichert, sollen nun, jede für sich und sich gegenüber stehend, auf jeweils einem der wackeligen Balken ans andere Ende balancieren. Das geht nicht lange gut und Tanja fällt vom Balken, was Monika höhnisch kommentiert. Aber bald ereilt sie das gleiche Schicksal; das ganze wiederholt sich dreimal. Inzwischen schauen alle Mitschüler zu und feuern sie an. Einer ruft nach oben: „Vielleicht probiert ihr es mal *miteinander*". Erst widerwillig, dann durch den baldigen Erfolg ermutigt, helfen sie sich und erreichen schließlich das Ende des Team-Balkens. Unten wird geklatscht, Tanja und Monika geben sich die Hände. „Ohne Dich hätte ich es nicht geschafft", meint Tanja. „Das gilt auch für mich", sagt Monika.

Sich vertiefen – zwischen Selbsterfahrung und Therapie

Pädagogik und Psychologie, vor allem die Erlebnispädagogik, haben vor einiger Zeit begonnen, die Elemente Rituale und Visionssuche, Einsamkeit und Stille sowie Labyrinthe für sich nutzbar zu machen. Dabei geht es um Besinnung und Vertiefung, Erziehung und Erlebnis, Spiel und Spaß, Tanz und Therapie. Nehmen wir als Beispiel zunächst die Labyrinthe! Das klassische Labyrinth besteht aus einem Weg, der außen beginnt, siebenmal die Mitte umkreist und der dann ins Zentrum führt. Charakteristisch für das Labyrinth ist, dass man sich nicht verirren kann – im Gegensatz zum Irrgarten. Das klassische Labyrinth ist voller Symbolik, die auch pädagogisch eingesetzt werden kann: der kosmische Aspekt, der Weg, das Gefängnis, die Angst, das Böse, der Tod, die Mitte eines Systems. Der Eintritt ins Labyrinth kann einen besonderen Augenblick im Leben des Teilnehmers darstellen. Vielleicht liegt die Anziehungskraft der Labyrinthe auch darin, dass es ein ungestilltes spirituelles Bedürfnis gibt, das christliche Religionen selten abdecken. Labyrinthe, die zunehmend in Klöstern, Kirchen und Bildungsstätten gebaut werden, werden heute vor allem in der religiösen Bildungsarbeit und als Rituale eingesetzt. Sie sollen junge Menschen an ihren Lebensweg erinnern, die Wendungen im Leben versinnbildlichen, in der Mitte des Labyrinths zum Verweilen, Nachdenken und Besinnen anregen.

Visionssuche oder Vision Quest ist eine weitere Methode der Selbsterfahrung und Therapie: Drei Tage und drei Nächte verbringt der Jugendliche dabei fastend in der Natur, nur geschützt durch den Schlafsack und ein Tarp (Regenschutz). Dies verlangt eine lange Vorbereitung, die ein Jahr vorher beginnt, eine intensive Begleitung während der Visionssuche und eine professionelle Nachbetreuung. Hinter dieser scheinbar einfachen Methode steckt ein riesiges Potenzial an Erfahrungs- und Lernmöglichkeiten (Koch-Weser / von Lüpke 2005), das in der Pädagogik zunehmend genutzt wird. So werden Visionssuchen für Jugendliche angeboten, die sich in schwierigen Lebenslagen befinden, vor schwierigen Entscheidungen stehen oder an bestimmten Schnittpunkten ihres Lebens angekommen sind: zwischen Abitur und Studium, zwischen Studium und Beruf, Auszug von Zuhause etc.

Anhang

Literatur

Andrack, M. (2005): Du musst wandern: Ohne Stock und Hut im deutschen Mittelgebirge. Köln: Kiepenheuer & Witsch

Amesberger, G. (1992): Persönlichkeitsentwicklung durch Outdoor-Aktivitäten? Frankfurt a. M.: Afra

Aufmuth, U. (1996): Lebenshunger: die Sucht nach Abenteuer. Zürich und Düsseldorf: Walter

Bach, H. & T. (2008): Erlebnispädagogik im Wald. München / Basel: Ernst Reinhardt

Bacon, S. (1998): Die Macht der Metaphern. (The Conscious Use of Metaphor in Outward Bound (1983), übersetzt von C. Schödlbauer) Alling: Sandmann

Bedacht, A. (Hrsg.) (2004): Fahrt in die Tiefe. Ein Handbuch für Höhlenbefahrungen. Augsburg: Ziel

–, Dewald, W., Heckmair, B., Michl, W., Weis, K. (Hrsg.) (1992): Erlebnispädagogik – Mode, Methode oder mehr? Alling: Sandmann

Birzele, J., Hoffmann, O. I. (2003): Mit allen Wassern gewaschen. Praxishandbuch für erlebnispädagogisches Handeln im und am Wasser. Augsburg: Ziel

Boeger, A., Schut, Th. (2006): Auswirkungen von Project Adventure auf personale Kompetenzen. In: e&l. erleben und lernen 2, 4–7

Braunmühl, E. von (1983): Antipädagogik. Weinheim: Beltz

Bühler, J. (1986): Das Problem des Transfers. Kritisches zur erlebnisorientierten Kurzzeitpädagogik. In: Deutsche Jugend 2, 71–76

Büscher, W. (2003): Berlin – Moskau. Eine Reise zu Fuß. 3. Aufl. Reinbek bei Hamburg: Rowohlt

– (2005): Deutschland, eine Reise. Berlin: Rowohlt

Candolini, G. (2008): Das geheimnisvolle Labyrinth. Mythos und Geschichte eines Menschheitssymbols. München: Pattloch

Crowther, C. (2005): City Bound. München / Basel: Ernst Reinhardt

Csikszentmihalyi, M. (1987): Das Flow-Erlebnis. Stuttgart: Klett-Cotta

Cube, F. von (1990): Gefährliche Sicherheit. München: Piper

Dewald, W., Kraus, L., Schwiersch, M. (2003): Missgeschicke. Eine Sammlung erlebnispädagogischer Praxisfälle. Pfronten: Eigenverlag

–, Mayr, W., Umbach, K. (2005): Berge voller Abenteuer. München / Basel: Ernst Reinhardt

Drever, J., Fröhlich, W. D. (1968): Wörterbuch zur Psychologie. München: dtv

Deubzer, B., Feige, K. (2004): Praxishandbuch City Bound. Erlebnisorientiertes soziales Lernen in der Stadt. Augsburg: Ziel

Fehr, T. (2008): Big Five: Die fünf grundlegenden Dimensionen der Persönlichkeit und ihre 30 Facetten. In: Simon, W. (Hrsg.): Persönlichkeitsmodelle und Persönlichkeitstests. Offenbach: Gabal, 113–135

Fengler, J. (2007): Erlebnispädagogik und Selbstkonzept: Eine Evaluationsstudie. Berlin: Logos

Fischer, D., Klawe, W., Thiesen, H.–J. (Hrsg.) (1985): (Er-) Leben statt reden. Erlebnispädagogik in der offenen Jugendarbeit. Weinheim und München: Juventa

Fischer, T. (1999): Erlebnispädagogik. Das Erlebnis in der Schule. Frankfurt a. M.: Peter Lang

– (2006) (Hrsg.): Hochschule und Erlebnispädagogik. Baltmannsweiler: Schneider

–, Ziegenspeck, J. W. (2000): Handbuch Erlebnispädagogik. Bad Heilbrunn / Obb: Klinkhammer

–, – (2009): Betreuungs-Report-Ausland. Aachen: Shaker (in Vorbereitung)

Flückiger, M. (1998): Die Wildnis in mir. Mit Drogenabhängigen in den Wäldern Kanadas. Alling: Sandmann

Frankl, V. (1975): Ärztliche Seelsorge. München: Kindler

Freericks R., Brinkmann, D. (2008): Nachhaltiges Lernen in Erlebniswelten? In: e&l. erleben und lernen 3 & 4, 20–23

Gass, M. (1995): Metaphorisches Lernen in therapeutisch orientierten erlebnispädagogischen Programmen (übersetzt durch N. Schad). In: e&l. erleben und lernen 1, 7–10 (Teil 1) und 2, 58–61 (Teil 2)

Gatt, S., Libicky, S., Stockert, M. (2003): Sicher lernen Outdoors. Standards bei Outdoor-Trainings – basierend auf Erkenntnissen aus Unfallanalysen. Augsburg: Ziel

Geißlinger, H. (Hrsg.) (1999): Überfälle auf die Wirklichkeit. Berichte aus dem Reich der Story Dealer. Heidelberg: Auer

Gilsdorf, R. (2004): Von der Erlebnispädagogik zur Erlebnistherapie. Bergisch-Gladbach: EHP

–, Kistner, G. (2001 und 2003): Kooperative Abenteuerspiele. 2 Bde. 12. Aufl. Seelze-Velber: Kallmeyersche Verlagsbuchhandlung

Glasersfeld, E. v. (1997): Radikaler Konstruktivismus. Ideen, Ergebnisse, Probleme. Frankfurt a. M.: Suhrkamp

Grober, U. (2006): Vom Wandern. Neue Wege zu einer alten Kunst. Franfurt a. M.: Zweitausendeins

Güthler, A., Lacher, K. (2005): Naturwerkstatt Landart. Ideen für kleine und große Naturkünstler. Baden und München: AT

Hahn, K. (1998): Reform mit Augenmaß, hrsg. von Michael Knoll. Stuttgart: Klett-Cotta

Heckmair, B. (2008): 20 erlebnisorientierte Lernprojekte, 3. Aufl. Weinheim: Beltz

–, Michl, W. (2008): Erleben und Lernen. Einführung in die Erlebnispädagogik. 6. Aufl. München / Basel: Ernst Reinhardt

–, Wagner, F.-J. (1995): Lernmodelle und Programmtypen – Neues zur erlebnispädagogischen Methodik. In: e&l. erleben und lernen 1, 4–7

Held, Kurt (2007): Die Rote Zora. Düsseldorf: Sauerländer

Hovelynck, J. (1999): Handlungstheorien erkennen und entwickeln. In: e&l. erleben und lernen 3 & 4, 42–51

Hüther, G.(2004): Neurobiologische Verankerung neuer Erfahrungen. In: Fontaneklinik (Hrsg.): Willensfreiheit – eine nützliche Illusion in der Psychotherapie. Fachtagung vom 01.09.2004. Eigenverlag, 14–27

Jagenlauf, M. (1992): Wirkungsanalyse Outward Bound – ein empirischer Beitrag zur Wirklichkeit und Wirksamkeit der erlebnispädagogischen Kursangebote von Outward Bound Deutschland. In: Bedacht et al. (Hrsg.), 72–95

Kafka, F. (1995): Brief an den Vater. Stuttgart: Reclam

Kant, I. (1983): Werke in sechs Bänden, hrsg. v. Wilhelm Weischedel, Bd. 2. Frankfurt a. M.: Suhrkamp

– (1997): Über die Erziehung. Frankfurt a. M: Suhrkamp

Kasten, E. (2006): Body-Modification. Psychologische und medizinische Aspekte von Piercing, Tattoo, Selbstverletzung und anderen Körperveränderungen. München / Basel: Reinhardt

Kerkeling, H. (2007): Ich bin dann mal weg: Meine Reise auf dem Jakobsweg. München: Malik

Klawe, W., Bräuer, W. (1998): Erlebnispädagogik zwischen Alltag und Alaska. Praxis und Perspektiven der Erlebnispädagogik in den Hilfen zur Erziehung. Weinheim und München: Juventa

Koch-Weser, S., Lüpke, G. von (2005): Vision Quest. München: Knaur

Kölblinger, M. (2004): Die überschätzte Wirkung von Hochseilgärten im Management-Training. In: Schad / Michl (Hrsg.), 257–267

Kraus, L., Schwiersch, M. (2005): Die Sprache der Berge: Handbuch der alpinen Erlebnispädagogik. 2. Aufl. Augsburg: Ziel

Krieg, Ch. (2008): Arbeiten mit Metaphern als Methode der Erlebnispädagogik. In: e&l. erleben und lernen 2, 7–12

Krug, W. (1999): Mächtige Metaphern in der Arbeit mit schwierigen Jugendlichen. In: Schödlbauer et al. (Hrsg.), 208–214

Kreszmeier, A. H. (1994): Das Schiff Noah. Dokumente einer therapeutischen Reise. Weitra: Bibliothek der Provinz

–, Hufenus, H.-P. (2000): Wagnisse des Lernens. Bern, Stuttgart, Wien: Haupt

Lakemann, U. (Hrsg.) (2005): Wirkungsimpulse von Erlebnispädagogik und Outdoor-Training. Augsburg: Ziel

Lietz, H. (1897): Emlohstobba. Roman oder Wirklichkeit? Bilder aus dem Schulleben der Vergangenheit Berlin: Dümmler

Luckner, J. L., Nadler, R. S. (1997): Processing the Experience. 2. Aufl. Dubuque / Iowa: Kendall / Hunt

Mehl, K. (2006): Handeln als Prinzip des Lebendigen. In: Ferstl, A., Scholz, M., Thiesen, C. (Hrsg.): wirksam lernen, weiter bilden, weiser werden. Augsburg: Ziel, 85–97

Michl, W. (1989): Höhlentour. Zur Integration von Körpererfahrung, Erlebnispädagogik und kultureller Praxis. In: deutsche jugend 11, 485–489

Michl, W., Schödlbauer, C. (1999): Erdachte Gespräche aus zwei Jahrtausenden. Neuwied, Kriftel: Luchterhand

Muff, A. (1997): Erlebnispädagogik und ökologische Verantwortung. Butzbach-Griedel: Afra

–, Engelhardt, H. (2007): Erlebnispädagogik und Spiritualität. München / Basel: Ernst Reinhardt

Neill, A. S. (1969): Theorie und Praxis der antiautoritären Erziehung. Reinbek: Rowohlt

North Carolina Outward Bound School (1991): Book of Readings. Eigenverlag

Oelkers, J. (1992): Unmittelbarkeit als Programm: Zur Aktualität der Reformpädagogik. In: Bedacht et al. (Hrsg.), 96–116

Paffrath, F. H., Altenberger H. (2002) (Hrsg.): Perspektiven zur Weiterentwicklung der Erlebnispädagogik. Augsburg: Ziel

–, Salzmann, A., Scholz. M. (1999) (Hrsg.): Wissenschaftliche Forschung in der Erlebnispädagogik. Augsburg: Ziel

Perschke, H., Flosdorf, P. (2003): Sicherheitsstandards in der Erlebnispädagogik. Weinheim und München: Juventa

Plöhn, I. (1998): Flow-Erleben. Neuwied, Kriftel: Luchterhand

Popper, K. R. (1995): Alles Leben ist Problemlösen. 3. Aufl. München: Piper

Priest, S. (1998): Experiential Education: Foundations and future Directions. In: Paffrath, F. H. (Hrsg.): Zu neuen Ufern. Alling: Sandmann, 58–73

–, Gass, M. (1997): Effective Leadership in Adventure Programming. Champaign: Human Kinetics

–, – (1999): Techniken der unterstützenden Prozessbegleitung. In: Schödlbauer et al. (Hrsg.), 218–231

Reiners, A. (2007): Praktische Erlebnispädagogik. 8. Aufl. Augsburg: Ziel, Bd. 1

Roth, G., Rudnick, H. J. (2008) Antriebe des Unbewussten. In: Süddeutsche Zeitung vom 09.07.2008

Rousseau, J.-J. (1975): Émile oder über die Erziehung. 3. Aufl. Paderborn: Schöningh

Rühle, A. (2008): Ich sehe was, was Du nicht siehst. In: Süddeutsche Zeitung vom 06.05.2008, Beilage Kinderleben 2, 10–16

Schad, N. (1993): Erleben und miteinander reden – Reflexionsmodelle in der Erlebnispädagogik. In: e&l. erleben und lernen 2 & 3, 49–53

–, Michl, W. (Hrsg.) (2004): Outdoor-Training. Personal- und Organisationsentwicklung zwischen Flipchart und Bergseil. 2. Aufl. München / Basel: Ernst Reinhardt

Schempp, B. (2000): Auswirkungen von Project Adventure auf das Selbstkonzept von Jugendlichen. In: e&l. erleben und lernen 1 / 2000, 15–20

Schiedeck, J., Stahlmann, M. (1994): „Tarzan-Pädagogik" oder Der „thrill" als pädagogische Maßeinheit. In: Neue Praxis 5, 397–406

Schlehufer, A., Kreuzinger, S. (1997): Natur, Erlebnis, Ferien: Handbuch für die Gestaltung ökopädagogischer Kinder- und Jugendfreizeiten. Alling: Sandmann

Schödlbauer, C. (2000): Metaphorisches Lernen in erlebnispädagogischen Szenarien. Eine Untersuchung über handlungsorientierte Lehr-Lern-Prozesse. Hamburg: Kovacs

– (2004): Weisheit und Trance. Augsburg: Ziel

–, Paffrath, F. H., Michl, W. (Hrsg.) (1999): Metaphern – Schnellstrassen, Saumpfade und Sackgassen des Lernens. Augsburg: Ziel

Senninger, T. (2000): Abenteuer leiten – in Abenteuern lernen. Münster: Ökotopia

Siebert, W., Gatt, S. (1998): Zero Accident. Qualitätsstandards für erlebnisorientierte Wirtschaftstrainings. Alling: Sandmann

Sommerfeld, P. (1993): Erlebnispädagogisches Handeln. Weinheim und München: Juventa

Spitzer, M. (2002): Lernen. Gehirnforschung und die Schule des Lebens. Heidelberg / Berlin: Spektrum

Stauch A., Brand, R. (2004): Personalentwicklung im Seilgarten. In: e&l. erleben und lernen 1 / 2004, 12–17

Stecher, R. (1996): Die Botschaft der Berge. Innsbruck, Wien: Tyrolia

– (1999): Die Botschaft der Berge. In: Schödlbauer et al. (Hrsg.), 59–68

Stein, G. (Hrsg.) (1984): Europamüdigkeit und Verwilderungswünsche. Ethnoliterarische Lesebücher, Bd. 3. Frankfurt a. M.: Fischer

Thoreau, H. D. (1971): Walden oder Leben in den Wäldern. Zürich: Diogenes

– (2004): Über die Pflicht zum Ungehorsam gegen den Staat. Zürich: Diogenes

Trommer, G. (1992): Wildnis – die pädagogische Herausforderung. Weinheim: Beltz

Wagner, M., Waldmann, R. (2004): Vom Outdoor-Training zur Teamentwicklung? – Welchen Beitrag leisten Hochseilgärten? In: e&l. erleben und lernen 1, 6–11

Weischedel, W. (1974): Die philosophische Hintertreppe. 4. Aufl. München: dtv

Wellhöfer, P. (2007): Gruppendynamik und soziales Lernen. 3. Aufl. Stuttgart: Lucius & Lucius

Witte, M. D., Sander, U. (2006) (Hrsg.): Intensivpädagogische Auslandsprojekte in der Diskussion. Baltmannsweiler: Schneider

Zimmer, R. (2005): Wirkungsvolles Lernen – Selbstwirksamkeit erlernen. In: e&l. erleben und lernen 3 & 4, 16–21

Sachregister

Erlebnispädagogik im Ernst Reinhardt Verlag

Bernd Heckmair / Werner Michl
Erleben und Lernen
Einführung in die Erlebnispädagogik
(erleben & lernen; 2) 6., überarb. und
erw. Aufl. 2008. 354 S.
(978-3-497-01963-2) kt

Hajo Bach / Tobias Bach
Erlebnispädagogik im Wald
Arbeitsbuch für die Praxis
(erleben & lernen; 12)
2., durchges. Aufl. 2011. 219 S.
Mit 53 Zeichnungen u. Fotos.
(978-3-497-02243-4) kt

Ɛʋ reinhardt
www.reinhardt-verlag.de

Jürgen Einwanger (Hg.)
Mut zum Risiko
Herausforderungen für die Arbeit
mit Jugendlichen
(erleben & lernen; 10) 2007. 287
S. 67 Abb. 5 Tab. Empfohlen vom
Österreichischen Alpenverein.
(978-3-497-01934-2) kt

Walter Fürst
Gruppe erleben
Soziales Lernen in der erlebnispädagogischen Gruppe
(erleben & lernen; 13)
2009. 192 S. 12 Abb. 5 Tab.
(978-3-497-02094-2) kt

 **reinhardt**
www.reinhardt-verlag.de